À Thomas Isle
trente années d'une
saga de la presse et du
féminisme échevelé !

ELLES
ET MOI

Philippe Tétart

PHILIPPE TRÉTIACK

ELLES
ET MOI

**UN HOMME DANS LA RÉDACTION
DU PLUS GRAND HEBDOMADAIRE FÉMININ**

Sauf mention contraire ci-dessous, toutes les photographies sont issues de la collection personnelle de l'auteur.
© Guillaume Herbaut pour les pages 126, 128, 136, 140, 240
© Patrick Swirc : page 173

Vous pouvez consulter notre catalogue général
et l'annonce de nos prochaines parutions sur notre site :
www.cherche-midi.com

© Le Cherche Midi, 2024
92, avenue de France
75013 Paris

Conception graphique : Justine Dupré
Composition : Peter Vogelpoel
Dépôt légal : avril 2024
ISBN 978-2-7491-7999-5

Parler de sa famille, c'est toujours la trahir.
ELLE est une famille, avec ses codes, ses passions, ses névroses.
Je voulais tout en dire, je n'ai dit que cela.
Reste qu'avec tous ses membres je partage cette certitude :
ce furent des années formidables.

Une fois de plus, nous étions réunis dans l'étroit bureau de la rédaction en chef « magazine » où nous tenions tous les lundis matin de vigoureuses séances de brainstorming. J'étais le seul homme de l'assemblée, comme d'habitude, serais-je tenté de dire, sauf que cette fois cette exotique banalité me sauta au visage. Une grande et belle blonde qui devait quelques années plus tard se révéler la pasionaria d'un féminisme antimâle en faisant parler la poudre venait de prendre la parole et brandissait son exemplaire du *Time*. L'hebdomadaire américain consacrait sa une aux transsexuels et dans un long plaidoyer soutenait que la bonne santé d'une nation se jugerait désormais au traitement que celle-ci réserverait à ces parias d'un genre imposé au berceau. Ma collègue en était persuadée, et de cette révélation elle voulait nous convaincre. Il fallait, disait-elle, avec force, et sans plus attendre, que notre magazine féminin prenne la place qui lui revenait dans cette croisade. Il importait qu'aux nombreux combats d'hier, avortement, contraception, droit à disposer de son corps, égalité salariale, on ajoutât la lutte pour les droits des trans, car ceux-ci serviraient demain de révélateur et, mieux, de baromètre des libertés réelles et des censures subies. S'engagea alors une discussion qui vira à l'examen gynécologique. Car, en dépit de la remarque d'une journaliste qui nous avait avoué qu'à force de Botox elle « finirait par avoir le trou de balle au milieu du dos » et qui suggéra de laisser de côté cette affaire qui « ne concernerait en vérité qu'une poignée de siphonnées », l'assemblée s'enflamma. Une reporter longiligne effondrée sur son siège dit alors que si elle comprenait fort bien comment un homme pouvait devenir une femme, elle visualisait mal comment une femme pouvait devenir un homme, car enfin ce qui pouvait aisément se couper ne poussait pas sur commande. Trancher un pénis, soit, mais le greffer ou le pondre… C'était oublier, lui rétorqua sur un ton pédagogique légèrement exaspéré la rédactrice en chef « magazine », que le clitoris possède des vertus remarquables comme celle, pour commencer, de s'allonger, de s'allonger, de s'allonger jusqu'à former comme un pénis et… Et je sentis que cette fois, après tant et tant d'autres fois, j'étais de trop dans ce local exigu que la chaleur des corps transformait en étuve. Mon regard embrassa la pièce et je fis mentalement le compte des participantes lancées dans une discussion où les organes et tous leurs appendices mis à nu nous tenaient la dragée haute. Vingt-sept. Oui. Elles étaient 27, 27 femmes et moi, et cette fois-ci fut la bonne. Je me levai et, priant chacune de bien vouloir m'excuser, je leur déclarai qu'à l'avenir elles poursuivraient seules cette discussion. Pourtant, au fil de mes années passées dans cette rédaction, j'en avais entendu et des sévères, je crois même que j'y avais presque tout entendu, les récits de gang-bang et de sodomies, les bienfaits de la masturbation et de l'infidélité, le rôle désinhibant de la fumette et l'angoisse rétrospective du préservatif défectueux, et si j'avais constaté combien le sujet des règles demeurait tabou, tant et si bien qu'il avait fallu que ce fût moi, l'homme de la bande, qui parte en Inde couvrir l'ouverture d'un atelier de fabrication artisanale de serviettes hygiéniques, jamais la parole toujours libre ne m'avait mis en porte-à-faux... jusqu'à ce jour. Ce n'est pas exactement que de cette discussion je me sois battu les couilles, comme l'aurait dit sans rire la plus jeune de nos pigistes, mais j'en avais gros sur la patate. J'aspirais à plus de confort, peut-être même à du répit. Je virais ma cuti.

C'est une pigiste du ELLE, autrefois croisée au *Petit Journal de Télérama* où j'avais fait mes classes, qui m'a ouvert en 1985 les portes de cet univers féminin. Mon nom était sorti du chapeau un peu par hasard, et elle plaida ma cause avec succès auprès de ses consœurs. Francis Mayor, alors directeur du magazine culturel de la gauche catholique, s'était souvenu de mon existence quand Colombe Pringle, la codirectrice en chef adjointe du ELLE, lui avait demandé conseil. Un poste était vacant dans l'hebdomadaire et elle cherchait la perle rare. Toute cette smala de professionnels se bousculait à La Coupole, boulevard du Montparnasse, où le photographe Patrick Jacob exposait une sélection de ses travaux. « Nous avions un type au journal, avait dit Francis Mayor, très doué pour les titres, les chapô, etc., mais je ne sais plus où il est passé. » Le type, c'était moi, et je n'avais fait que traverser le boulevard Malesherbes pour me faire embaucher dans une revue d'architecture assez confidentielle dont les bureaux, sis dans un très bel immeuble, faisaient face à ceux de *Télérama*. Des années plus tard, j'allais effectuer plusieurs reportages avec ce Patrick Jacob, personnage excentrique, dandy court sur pattes aux yeux pétillants qui m'avait porté chance. Bien que logé dans un deux-pièces, il se targuait d'employer à son service un laquais indochinois et d'avoir pour titre de gloire, comme il se trouvait sur un bateau glacial en compagnie de Son Altesse Albert de Monaco, osé cette repartie, certes banale mais dure à caler avec tant d'à-propos : « Ça pince... Monseigneur. » Or donc, j'arrivais rue Ancelle, à Neuilly, pour y effectuer une période d'essai de trois mois. L'immeuble années 70 abritait également les bureaux de la compagnie d'assurances Gras Savoye et j'avais trouvé dans cette efflorescence de lipides comme un signe d'opulence annoncée. N'ayant rien dit à mes employeurs officiels, je dus mener de front deux activités salariées, jonglant chaque jour avec les faux rendez-vous, les impondérables des transports en commun et mille rouéries lamentables. J'en fus essoré mais, vainqueur à la sortie, je fus embauché à raison de trois jours par semaine, ce qui me convenait à merveille. Je gagnais du temps libre. Coincé dans ma revue confidentielle, j'y avais bataillé, déjà, pour ne plus travailler le lundi. Je voulais écrire mes livres. La négociation avait été rude. La propriétaire du média, pétulante et ravageuse, ultra stressée et castratrice, m'avait rudement secoué. Elle avait diminué mes émoluments mais j'avais tenu bon et comme je rédigeais la quasi-totalité des textes de notre publication, je fus haï mais conservé. Au bout de ces treize semaines de jonglerie spatio-temporelle, je fus convoqué pour un rendez-vous technique. Mon futur employeur m'ouvrit les bras et me confia à son responsable des ressources humaines, qui me signifia le montant de mon salaire. Mon élan en prit un coup. Pour tout dire, j'étais séché et même franchement déçu. J'espérais mieux. Je m'apprêtais à tenter une manœuvre pour gratter quelque chose quand une phrase me fit sursauter et me dessilla les yeux. Ce salaire que j'avais cru mensuel était… hebdomadaire. Quatre fois plus ! Le ciel me tomba sur la tête.

Ensuite, tout s'emballa. J'accomplissais toujours mon travail de soutier, corrigeais les textes des autres, les enveloppais d'une titraille *ad hoc*, les peaufinais, mais cela ne suffisait pas à refroidir ma plume. Je voulais écrire, écrire, écrire. Aussi les articles que je signais s'enchaînèrent-ils. Réalisés en sus de mon job régulier, ils m'étaient payés en piges et mon train de vie s'améliorait au fil des jours. Comme la machine accélérait encore, Colombe Pringle me proposa dans l'année qui suivit de sauter le pas en devenant reporter. Nous barbotions vraiment dans une époque bénie quand on songe à ce qu'endurent les multidiplômés d'aujourd'hui. Ils courent de stage en stage sans rémunération et sans perspective, et moi, en une poignée de semaines, j'avais décroché la timbale ! Embauché, j'eus encore une exigence : être d'entrée nommé grand reporter. Je venais de publier avec mon ami Pierre Antilogus *Bienvenue à l'Armée rouge*, un pamphlet politique qui avait crevé le plafond des best-sellers, treize semaines dans la liste de *L'Express*, plus de 100 000 exemplaires vendus. J'eus gain de cause et j'intégrais la sacro-sainte cohorte des bourlingueurs sans être passé par la case départ. Certes, il me fallait désormais y consacrer non plus trois jours, mais la totalité de la semaine, cependant cette contrainte ne changeait rien à mon rythme de travail. Une seule chose m'inquiétait. Je me demandais s'il était bien judicieux de prendre place dans cet univers féminin.

ELLES ET MOI

Peut-être ma condition d'homme les avait-elle séduites, mais pour combien de temps? J'avais usé pour ce faire de quelques artifices et d'abord d'une veste verte assortie à la couleur de mes yeux que j'avais achetée pour l'occasion, mais de première main, chez Marcel Lassance. Pour l'heure, animal exotique, je mutais en mascotte, et si le magazine avait été un autobus, on m'aurait accroché au rétroviseur pour que je m'y balance, mais jusqu'à quand? Oui, le poste était risqué. Je craignais qu'elles ne se lassent de ma présence, la découvrant incongrue. À la fluidité de mon embauche succéderait alors la rapidité de mon éviction. Je me croyais équilibriste, cerné d'abîmes et déjà condamné. Je me trompais.

Trois décennies durant, j'ai ainsi occupé le poste plus qu'envié de mâle quasi unique au sein de la rédaction du magazine ELLE. Certes, je n'étais pas au sens strict le seul homme dans cet univers. Des maquettistes, des rédacteurs en chef par intermittence, des pigistes plus ou moins réguliers animaient, eux aussi, les couloirs de leurs voix graves et de leur pilosité, mais quand il s'agissait de réunir le temps d'une conférence de rédaction les forces vives, j'étais seul le plus souvent. La parité n'étant pas dans nos locaux à l'ordre du jour, il me revenait la tâche de représenter la moitié du ciel, comme le disaient autrefois les militantes maoïstes. Vu de l'extérieur, j'étais un privilégié, le nanti absolu. Avoir pour mission de batifoler dans un aréopage de femmes me conférait des pouvoirs chamaniques. Je ne travaillais pas, je baignais dans une touffeur humide, dans un environnement sexualisé à outrance, n'ayant qu'à tendre la main pour piocher la conquête du jour. Du moins c'est ce que chacun s'imaginait. Songez donc! Avoir pour obligation salariale de rejoindre chaque matin un harem, un gynécée, une planète essentiellement peuplée de blondes, de brunes, de filles élancées et de rousses alertes, piquantes, étonnantes, décomplexées, dévoreuses… Voilà à peu près à quoi se résumait mon expérience professionnelle pour ceux qui bavaient à se la représenter. Ils n'avaient pas tort mais ils en rajoutaient. Combien de fois ne m'a-t-on pas demandé, un sourire fat sur le visage, si pour mon prochain reportage je n'avais pas besoin d'un bon gars pour porter ma valise ! Ils étaient prêts à tout pour monter dans le bateau et batifoler à leur tour. Ils s'illusionnaient et pourtant touchaient juste. Car si je n'étais pas l'élu qu'ils rêvaient d'être, j'en étais un tout de même. Cette solitude de coureur de fond, dont j'aurais aimé que le double sens soit confirmé sans cesse, m'obligeait. Je devais me couler dans une équipe dont j'étais l'élément allogène, et s'il advint que l'on me traita de « meilleure copine », je n'en prenais pas ombrage. Je savais qu'il s'agissait là de périphrase, d'une forme d'élégance. Longtemps, dirais-je, je n'en ai saisi que le meilleur jusqu'à cueillir parfois les fleurs du mal.

J'y suis resté trente ans, de 1985 à 2015, en résumé de la préhistoire au cyberspace. Aux premiers temps de la valse, les maquettistes du magazine montaient encore les pages à la main, découpaient les articles au cutter, collaient les titres, et les secrétaires retapaient sur leur machine à écrire les « papiers » rédigés au stylo-plume par les journalistes. De cette agitation par ma mémoire réactivée sourd une fébrilité à la Zola. Des employés penchés sur des tables à dessin, de la colle, des zips, des ciseaux, de la titraille déplacée du bout des doigts sur la page et des visages disparus, la frêle silhouette d'un collègue vêtu d'un éternel pull moutarde et qui m'avait dit un jour avoir « été élevé à l'eau rougie », à savoir, au château-la-pompe teinté de vinasse, un autre balayé par le sida, quelques cancers, certains fatals, le coup de torchon. La responsable du tourisme ne quittait jamais son siège. Elle se tenait droit, s'étiolant derrière son bureau comme une plante verte abandonnée. Elle devait s'appeler Colette Pomme et les méchantes langues l'avaient rebaptisée Paulette Conne, ce qui n'était pas gentil. Dans ce monde à l'ancienne où les derniers téléphones à cadran ne détonnaient pas encore, la révolution technique a renversé la table. Enthousiasmé par le fait d'intégrer, enfin, la grande presse, moi qui sortais d'une période de piges suivie d'une année où j'étais resté enkysté dans un magazine semi-technique, j'ai commencé par investir dans du matériel de pro. Je me suis offert une machine à écrire électrique de la marque Silver Reed. Finie, la Japy avec son double ruban encreur noir et rouge qui sautait quand vous passiez aux majuscules ! Acquise chez Duriez, boulevard Saint-Germain, magasin phare depuis disparu, cette compagne a bercé mes journées. Puis, subodorant que je ne m'en tiendrais pas à ces quelques lignes mais que je serais amené, au fil du temps, à pondre des articles en cataracte, pressentant que je deviendrais à vitesse grand V un authentique « pisse-copie », je sautai le pas et investissai, sur les conseils de mon avisée fiancée de l'époque, dans un Mac 512K de 800 ko, ordinateur calibré façon Tetra Pak avec son lecteur de disquette externe. Mais bientôt la technologie cannibale rendit obsolètes nos outils dernier cri et ce fut l'heure des fax dont le chant gracile envahit nos espaces. Bousculés à leur tour, ils cédèrent devant les modems dont les soubresauts électriques, les grésillements, craquements et autres borborygmes syncopés semblaient projeter dans l'atmosphère des colonies de particules d'exoplanètes. Tout cela pour rappeler qu'en cette origine du monde rien n'était comme aujourd'hui. Hormis les femmes qui m'entouraient.

Plus qu'un organe de presse, le ELLE était alors une institution. Les fantômes de ses fondatrices, les Hélène Lazareff, Françoise Giroud et Marcelle Ségal, âme du « Courrier du cœur », hantaient les couloirs. Le poids de ces « grands hommes » qu'étaient ces femmes exemplaires conférait au ELLE des attributions de ministère de la condition féminine avant l'heure. Entreprise florissante et néanmoins rebelle sur bien des points, cette machine en imposait au petit rouage que j'étais, jeté vivant dans cette nasse pleine de codes et de subtilités. Les éditorialistes qui disposaient d'un bureau personnel m'impressionnaient, telle Françoise Tournier dont l'attitude et la présence me semblaient la quintessence du grand reporter au féminin. Elle avait interviewé tant de célébrités et parcouru tant de fois la planète que la gloire des VIP, des vedettes, des stars, augmentait par capillarité son aura de professionnelle chevronnée. Il y avait chez elle un peu de l'Oriana Fallaci, la célébrissime journaliste italienne qui avait affronté les dictateurs les plus machistes, Kadhafi, Khomeyni et consorts. Elle me semblait vénérable, elle ne devait pas avoir 50 ans. Je l'aurais bien vue aux commandes du magazine, mais l'époque cadenassait encore l'entreprise et le plafond de verre semblait indestructible. Comme tout organe de presse, notre féminin, bien que fondé par une femme – et quelle femme! –, était dirigé par un homme. Oui, c'était ainsi et Jean Demachy fut à partir de 1983 le directeur de la rédaction.

Il fut le seul et le dernier. Ses successeurs n'occupèrent que le poste de rédacteur en chef, coiffés toujours par une directrice, Anne-Marie Périer puis Valérie Toranian, Françoise-Marie Santucci, Erin Doherty, Véronique Philipponnat. Reste que, pour tous ceux qui l'ont côtoyé, Jean Demachy fait corps avec la légende dorée du ELLE. Formé à l'école Filipacchi, proche des monuments que furent Roger Thérond à *Paris Match* et Frank Ténot dans l'univers du jazz et de la radio, il ne se départait jamais d'une décontraction qui l'autorisait à mener au milieu de toutes ces femmes une politique de bienveillante neutralité. Quand une cheffe de rubrique surgissait dans son bureau pour se plaindre d'une de ses consœurs, lui souhaitant mille pustules, notre homme l'écoutait la tête légèrement penchée puis, sur un ton de conciliation ecclésiastique, lâchait : « C'est curieux, elle sort de mon bureau, elle ne m'a dit que du bien de toi. » Ce mensonge accomplissait des merveilles. Il est vrai qu'en fin diplomate il avait fait ses classes sur des terrains minés. Avant de s'emparer des rênes du plus grand hebdomadaire féminin qu'ait compté notre pays, il avait œuvré aux destinées de son pendant par l'absurde, le mensuel LUI. Sa tâche aux commandes de cette copie du *Playboy* américain consistait pour l'essentiel à convaincre de jolies femmes de poser nues, leur assurant qu'une telle audace serait excellente

Contrairement à ce que suggère cette image prise pendant les fêtes de fin d'année, Jean Demachy était un directeur de la rédaction perpétuellement enjoué. Il régnait alors sur un magazine florissant.

pour leur carrière. Il avait réussi au-delà de toute espérance et s'il avait dû batailler parfois, il avait dû aussi contenir les désirs fougueux et passablement impubliables de Jane Birkin qui, flanquée d'un Serge Gainsbourg pousse-au-crime, envisageait déjà toute une série de clichés réalisés dans la pénombre d'une salle de bains, à cheval sur un bidet. De quoi signer à poil de beaux effets de toilette.

Jean Demachy, dont le physique et plus encore le sourire espiègle m'évoquaient Jean Poiret, poussait l'élégance à taire jusqu'au lundi matin les chiffres de vente du journal s'ils étaient désastreux, afin de ne point gâcher le week-end des membres de son équipe. Il avait débarrassé son domaine de tout un fatras corporate pour le meubler cosy. Les designers de fauteuils ergonomiques et les concepteurs de bureaux d'architecte pouvaient aller se rhabiller. Un divan « magnum » en constituait l'armature et il s'y laissait choir avec volupté. C'est à demi allongé qu'il tenait ses audiences, et les visiteurs à croupetons sur des poufs ou abîmés dans l'épaisseur d'une banquette de cuir caramel en étaient éberlués. Jean, vêtu d'une veste de tweed, d'une chemise à rayures et cravaté, sortait de l'ascenseur aux environs de midi, les cheveux encore humides de la douche qu'il avait prise au saut du lit. « Quand je me réveille à 7 heures du matin, disait-il, je prends vite un somnifère pour me rendormir. » Il avait érigé cette décontraction en ligne éditoriale et chaque semaine un souffle de dilettantisme chic parcourait nos pages. Et puis, suffisamment de femmes s'agitaient autour de lui pour qu'il n'oublie jamais combien les combats pour l'égalité entre les sexes, le droit à l'avortement et tout ce qui allait avec comportaient d'exigences, et d'ailleurs il n'était jamais le dernier à en découdre pour que les femmes soient écoutées et entendues. En vérité, Jean Demachy s'était coulé dans cette rédaction féminine avec un talent suraigu. La mode, les dîners, les mondanités constituaient son ordinaire et il abordait tout cela avec un savoir-faire qui n'était d'abord qu'un savoir-vivre. Avant d'être un esprit, Jean Demachy était un œil, et la sûreté de son goût découlait de son sens de l'observation. Il s'avérait impitoyable quand il décrivait avec une malicieuse tendresse ces vieillards croisés le dimanche dans les boulangeries-pâtisseries de Neuilly. « Ils ont, disait-il, le pli du pantalon impeccable et c'est normal, ils ne s'habillent que pour aller acheter leur baguette. Le reste de la semaine, ils sont en pyjama. » Si le machisme de ces années rendait naturelle sa présence à la tête d'un féminin – dispositif incongru à nos yeux d'aujourd'hui –, il s'y trouvait bien car il partageait avec toute l'équipe du magazine une vision de l'existence qui laissait peu de place aux roulements d'épaules et aux coups de menton. On pourrait s'abandonner à la facilité et dire simplement que, dans sa personnalité, la part féminine était considérable et ce ne serait pas faux. L'époque en vérité s'y prêtait car les sexes occupaient encore des places assignées. Certes, cela branlait dans le manche, Mai 68 était passé par là et les revendications féminines bousculaient les traditions, mais le hors-champ masculin bordait le ELLE, et qu'il fût contesté ou cajolé, il n'en demeurait pas moins une balise dont Jean Demachy était l'expression.

Evelyn Waugh a eu raison d'écrire que ce qui caractérise l'Anglais, c'est son amateurisme. Il y avait de cela dans la gouvernance éclairée de notre directeur. Un désœuvrement de haute volée mâtiné d'un soupçon d'humour noir qui n'était pas sans évoquer la phrase de Villiers de L'Isle-Adam : « Vivre, nos valets le feront pour nous. » Il vivait, certes, mais avec décontraction et son élégance charmait ses alentours. C'est bien simple, il respirait comme on fredonne. Quand ses fonctions l'avaient conduit à gagner l'Amérique à bord du *Queen Elizabeth*, il avait dû subir à son retour un flot de questions émerveillées. L'équipe se bousculait dans sa resserre qui plus que jamais tenait de la garçonnière.

« Alors, alors, c'était comment ?

— Ah ! s'était-il écrié, complètement rincé, j'ai passé une semaine à monter et à descendre des escaliers. J'ai cru qu'on m'avait enfermé chez Harrods. »

J'avais discerné dans les talents de notre directeur une once de ce que les acteurs expriment sur les planches. Il fascinait son public. Sa force venait de ce que les êtres dont il endossait l'identité, loin de lui être étrangers, constituaient sa propre personnalité. Sous ces diverses facettes, quand il imitait l'un ou l'autre, il s'emparait de ses travers pour mieux nous les rendre familiers et même sympathiques. Il réunissait ainsi, dans sa seule entité, une cohorte d'histrions, tous membres d'une certaine élite qu'il aimait tourner en dérision. En cela, il différait de la piétaille, nous autres les journalistes, tâcherons de la ligne qui avions pour certains l'habitude de prêter notre plume à d'autres que nous-mêmes. Devenant pour quelques subsides « nègres » dans la presse comme dans l'édition, nous devions faire abstraction de nos êtres profonds pour nous couler dans les défroques de nos commanditaires. Je m'y étais toujours refusé, arguant de cette idée que tout ce que j'écrirais serait signé et, dans la mesure du possible, publié. Il advint pourtant que je fis une exception. Jean Demachy me convoqua un jour dans son bureau lounge pour réclamer mon aide. Il rentrait d'un périple escarpé au flanc du Cachemire indien et se devait d'en rédiger un compte rendu à publier dans nos pages, mais, effet du trac, lassitude du métier ou manque de savoir-faire, il s'en sentait incapable. Aussi me pria-t-il d'accorder ma plume à sa pensée. Et j'acceptai. Je lui fis savoir que je dérogeais là à l'une des promesses que je m'étais faites et que cet écart serait le seul et le dernier. Et je bâtis donc le récit d'un voyage imaginaire, ficelant au mieux les souvenirs et les commentaires enlevés de mon hiérarque solliciteur. Je commençais d'ailleurs l'article en le citant mot pour mot : « Il est des villes dont on croit qu'elles seront sublimes et qui se révèlent désastreuses, Veracruz, Kuala Lumpur... » Des années passèrent avant qu'un avion ne me dépose en Malaisie. Le soir même j'étais invité à dîner chez le représentant pour l'Asie du Sud-Est du Club Méditerranée. Sa villa donnait de plain-pied sur de vastes jardins au gazon impeccablement tondu, et comme je m'étonnais devant la profusion de portes et de baies largement ouvertes, songeant aux voleurs que cette propriété sublime devait attirer, il me répondit, laconique : « Oui, je sais, il y a des cobras... Mais enfin... » Je quittai l'herbe avec soulagement et nous passâmes à table, et quelle ne fut pas ma joie de l'entendre dire avant d'entamer le *nasi goreng* : « Ah, il y a des années, Jean quelque chose a écrit dans votre journal que Kuala Lumpur était une ville calamiteuse. Quel imbécile! » À quinze années d'intervalle, j'étais enfin vengé de l'humiliation d'avoir cédé ma plume. Tout l'opprobre retombait sur le signataire de l'article incriminé, celui-là même qui m'avait imposé de rompre mes propres engagements. Une béatitude aussitôt m'envahit. Par un retour de manivelle, j'étais absous d'avoir dû, contre ma volonté, faire le « nègre » sur les lacs parfumés du haut Cachemire. Le nègre ? Je sais l'expression bannie, mais en ces années 90, elle avait droit de cité. Je m'endormis cette nuit dans la touffeur malaise, roulé dans un pashmina symbolique, la tête encombrée de turbans sardoniques.

De cette piètre vengeance je fis part à Jean Demachy dès mon retour, et je sais qu'il en apprécia l'absurdité. Il était friand de ces anecdotes qu'il ne manquait jamais de partager avec nous, soulignant d'un détail l'inconvenance d'une attitude, la bourde regrettable, le détail qui tue.

Nous vécûmes ainsi la montée en puissance de Bernard Cathelat, gourou des tendances dont le physique de rugbyman à la Sébastien Chabal, chevelure et barbe barbaresques, faisait de lui une star des podiums. Il fut le propagandiste des socio-styles et, comme moult entreprises, nous fîmes appel en cette fin des années 80 à ses lumières. Nous ne fûmes pas déçus! Jean Demachy l'imitait à merveille. Il faut dire que nous étions servis. À chaque exposé, tandis que sur l'écran s'affichait le camembert sur lequel l'expert avait positionné les supports de presse qui nous livraient une concurrence acharnée, tandis que *Marie Claire*, *Biba*, *Avantages* et une foultitude d'autres titres se répartissaient dans le cercle de tous les possibles, le ELLE, invariablement, se retrouvait relégué au bas de la diapositive, titillant la bordure du camembert et dans le même temps la moquette de la salle de conférences. Pour s'en rendre compte, l'assemblée devait se lever pour tenter de repérer dans le tréfonds de l'écran notre magazine. Titiller le plancher ne signifiait pas que nos ventes plafonnassent, il ne s'agissait là que de la conséquence fâcheuse d'une méthode scientifique vendue comme incontestable et qui nous assignait cette relégation au pôle Sud, mais le mal était fait. Il semblait à chacun qu'en dépit de tous les indices positifs assénés l'image parlait d'elle-même : le ELLE était à la ramasse. Cela faisait désordre et nous décidâmes de nous passer des services du baraqué Nostradamus des temps modernes. Il y avait tout de même des limites !

Sous le règne de Jean Demachy, son œil azuréen fit des merveilles. Il en fit plus encore quand il décida de créer, de toutes pièces, le ELLE Décoration, premier magazine du genre à s'implanter en France. Homme de presse doué d'un flair exceptionnel, il avait saisi le potentiel de la marque ELLE, attitude qui heurtait bien des convictions en interne. Confiant dans son intuition, il osa pourtant, et ce, avant tous ses concurrents, lancer un magazine où l'appartement, la maison de campagne et tous les décors à la Claude Sautet mâtinés d'un brin de vernis aristocratique se voyaient hissés au plus haut degré de sophistication. La gauche qui lisait le ELLE aspirait à la résidence secondaire et, de fait, ce premier magazine de décoration connut un succès immédiat en ces années de développement des loisirs où les Français se ruaient à l'étranger, en Italie pour commencer. Quand il fallut en nourrir les pages de consoles, de luminaires et de tapis de sol siglés par des artistes et des ciseleurs d'ambiances, il dirigea ses quêtes en direction du Piémont, de la Toscane et de la Campanie, à Milan, à Bologne, à Turin. Jean Demachy m'avait narré avec toute sa faconde enjôleuse la tournée des créateurs italiens qu'il avait effectuée en compagnie d'un styliste japonais célébrissime dont les bureaux tokyoïtes n'occupaient qu'une volée de tatamis. Quelle n'avait pas été la surprise de ce géant asiatique de parcourir à Padoue et sur les rives du lac de Côme des *palazzi* gigantesques dans lesquels des nuées de petites mains peaufinaient des robes du soir et des caracos ébouriffés. Au Japon, ses équipes se disputaient 3 mètres cubes pour accoucher d'une féerie de collections. Pour finir, écartelé entre le ELLE et sa déclinaison, Jean Demachy quitta la direction de l'hebdomadaire et avec lui les hommes furent extirpés du cockpit. Désormais, il reviendrait aux femmes de piloter le navire dans les délices et les tempêtes annoncées.

À la suite de Jean Demachy, nulle n'a mieux représenté le magazine qu'Anne-Marie Périer. Elle possédait, et possède encore, une élégance que la fréquentation des stars du showbiz avait assouplie. Un fumet VIP cool dont nul autre ne pouvait se targuer l'enveloppait de la tête aux pieds. Bien née dans un creuset d'artistes et de comédiens, elle saupoudrait son aisance financière d'un vernis de j'm'en-foutisme smart, qui la rendait irrésistible. On la savait du sérail, par son père François Périer et son frère Jean-Marie. Je le compris assez vite quand, intégré au Bocal, le bureau stratégique où se décidait le sommaire des numéros en cours, j'y relisais les articles des autres pour enfin les titrer, les chapeauter. J'assurais ce que l'on résume sous le terme d'« éditing » quand, à la suite de je ne sais quel propos que j'avais dû tenir, j'eus la surprise de voir la cheffe des infos, Laurence de Cambronne, me prendre à part pour me glisser : « Ici, il ne faut jamais faire de plaisanterie sur Henri Salvador. » J'avais cru à une blague et je la trouvais d'ailleurs excellente car, en vérité, je ne voyais vraiment pas pourquoi je me serais soudain mis à plaisanter sur ce saltimbanque dont l'existence ne me traversait l'esprit qu'en de très très rares occasions. Et quand bien même j'aurais osé une bonne blague sur notre chanteur, quel risque aurais-je bien pu encourir? M'aurait-on engagé à ne point rire du général de Gaulle, de Françoise Sagan ou même d'Isabelle Adjani que je l'aurais compris, mais d'Henri Salvador! Laurence m'expliqua alors qu'Anne-Marie Périer avait pour demi-frère le photographe Jean-Marie Périer, dont le vrai père était... Henri Salvador! Ça alors! Coup de théâtre! Si c'était là les seules précautions à prendre, je m'en tirerais sans trop de casse.

Il fallait tout de même se méfier. Marcher sur des œufs, car des relations subtiles liaient les unes aux autres. Ainsi, c'est par l'amicale relation qu'Anne-Marie avait entretenue avec le propriétaire du groupe de presse Daniel Filipacchi, proche à l'époque des artistes et des « vedettes » du showbiz, qu'elle était arrivée à la tête de notre hebdomadaire. Celui-ci, dans un geste admirable et pour lui mettre le pied à l'étrier, l'avait d'abord bombardée aux commandes du « magazine des filles dans le vent » : *Mademoiselle Âge Tendre.* Pour commencer, elle y avait tenu la rubrique beauté « Belle belle belle », et de ces années de formation elle se souvenait, car en 1987, quand fut lancé le mensuel *Jeune et jolie,* je lui avais demandé, la croisant entre deux portes, si cela ne l'intéressait pas d'en prendre la direction, ce à quoi elle m'avait répondu : « Non, moi je veux diriger *Jeune et jolie… et bonne mine.* » Rédactrice en chef puis directrice de la rédaction, Anne-Marie tint les rênes du ELLE jusqu'en 2002 et quand il s'est agi de trouver la personne susceptible de la remplacer, c'est sur Valérie Toranian que se porta son choix. Ce n'était là que la réactualisation de ce qui l'avait elle-même hissée à l'avant-poste, car Valérie venait elle aussi des pages beauté du ELLE. Chez nous, l'ascension était toujours physique et la crème des décideuses sortait comme propulsée des tubes et des onguents.

Ce fut donc la déclinaison féminine de *Salut les copains*, lancée en 1964 et bientôt rebaptisée *M.A.T.*, qui avait mené celle qui fut un temps la rédactrice en chef la plus jeune de France aux portes du ELLE. À grands coups de Sheila, de France Gall et de Sylvie Vartan, propulsée par une vague yéyé constellée de paillettes, hystérisée par des Clodettes, des bellâtres à la Mike Brant et les idoles des jeunes, Anne-Marie avait ouvert la voie, peut-être sans le savoir, à la libération des femmes, à la contraception et à la révolution des mœurs qui balayeraient la France. Je la revois tout de brun vêtue dans des vêtements signés Issey Miyake, tenant à la main un souple cahier Hermès, dotée d'une classe inaltérée. Dire qu'elle m'impressionnait est un euphémisme. Elle avait déclaré Mick Jagger l'homme le plus sexy de la planète, et à Pierre Malaval qui, réalisant une série de photomatons, lui avait demandé un mot, un seul, pour se qualifier, elle avait répondu « cinglée », quand Agnès Troublé (agnès b.) avait dit « sereine », Christine Ockrent « frémissante » et Carla Bruni « nue ». Je ne sais pas en vérité ce qu'Anne-Marie pouvait penser de moi, pour peu qu'elle y pensât. Je me souviens simplement qu'un jour elle m'avait dit, alors que je ne faisais déjà plus partie du magazine : « Toi, contrairement à d'autres, tu n'as jamais tapé dans la caisse. » Sans doute faisait-elle allusion à la saga des notes de frais qui caractérisait le monde de la presse, alors florissant. Je crois que c'était un compliment mais je n'en suis pas totalement sûr. En vérité, j'étais timide, et de m'être retrouvé en permanence environné de femmes me perturbait. Éternel vacillant, toujours en quête de reconnaissance, séducteur par fébrilité, je devais cacher mes faiblesses derrière une appétence pour ce que je qualifiais d'« attaque en falaise ». Je me savais marginal dans cet univers féminin et de cette position décalée je devais faire une force. Je montais donc au créneau, je parlais franc, je défendais mes points de vue. Je tenais bon.

Anne-Marie Périer, dont on sait qu'elle a depuis épousé Michel Sardou, avait deux fils d'un premier mari dont elle s'était séparée. Elle avait en cela agi comme une flopée de collaboratrices du magazine. Les couples passés à la lessiveuse du métier n'y résistaient pas longtemps. Voyages, rencontres, sollicitations, nuits d'hôtel… La déferlante emportait tout et d'abord l'esprit de famille. Anne-Marie avait eu ensuite des aventures dont je ne sais absolument rien, et je m'en félicite. Je suspectais toutefois qu'elle n'avait pas été indifférente au charme de Jacques Attali, et l'affaire n'aurait aucun intérêt si ce n'est qu'elle me mêla à un incident minime mais réjouissant. L'économiste, ex-conseiller direct du président François Mitterrand, venait de publier un ouvrage que le journal s'empressa de chroniquer. Seulement voilà, l'article rédigé par Pierrette Rosset n'eut pas l'heur de plaire à l'auteur. Bien qu'il fût signé par la responsable des pages livres du magazine, service ô combien capital car, en cette époque florissante, le ELLE s'affirmait comme le deuxième prescripteur en matière de lecture après le quotidien *Le Monde*, cela ne changeait rien. Il était hors de question que cette recension fût publiée. Il faut croire que l'article incriminé avait été très subtilement soumis à Jacques Attali pour que celui-ci ait pu s'en faire une opinion aussi tranchée. Bref, une autre journaliste fut conviée à l'exercice et si son nom m'échappe, le destin de son travail me reste en mémoire. Comme le premier, il fut retoqué. Et c'est ainsi que, par un jeu de ricochets, de chaises musicales et de courbettes, je fus appelé à tenter ma chance. Je rencontrai l'auteur. Il avait la santé tout de même pour s'enfiler trois entretiens de suite sur son ouvrage. Il faut croire que l'économiste avait du service après-vente une très haute image et sans doute avait-il, sur ce point, raison. Bref, nous discutâmes. Je pris des notes et puis, l'affaire conclue, je m'apprêtais à quitter les lieux quand il me demanda s'il lui serait « possible de relire l'article avant publication ». Je me retournai et lâchai simplement : « Je transmettrai à la direction qui transmettra. » Ce fut fait et je passai l'examen. Il se peut que, la lassitude aidant, l'intéressé s'en soit désintéressé ou qu'à la différence de mes prédécesseurs je fus d'une complaisance qui frisa la veulerie, reste que je garde en mémoire le titre de l'article. Il était extrait de mon texte dans lequel j'avais écrit, sans trop savoir ce que cela pouvait bien dire : « Il n'y aura pas de péridurale cosmique. » Aujourd'hui, il me semble hélas que l'on s'en rapproche.

Dès sa création, Hélène Lazareff avait synthétisé le positionnement de son magazine d'une phrase devenue mantra : « Du sérieux dans la frivolité, de l'ironie dans le grave. » Inutile de dire que jamais nous ne fîmes mieux. Toute l'amplitude du ELLE se trouvait comprimée dans cette fulgurance, calée et décalée, centrale et marginale. Reste que cela ne nous facilita pas la tâche car si la formule claquait comme une bannière, sa mise en pratique vacillait. Nous n'étions pas les seuls à tordre l'actualité pour la muer en tendances, en faits divers comme en faits d'armes, et quant à définir ce que pouvait bien être la ligne du journal, cela relevait du pari stupide, de la question fatale. La ligne était un serpent de mer, notre monstre du Loch Ness, un impensé radical. Sans doute devait-elle sinuer dans les corridors du magazine, s'insinuer même dans les tréfonds de nos crânes d'œuf qui pondaient de la copie à tire-larigot, mais où se terrait-elle ? Quelle tête avait-elle ? La question ne cessait d'être éludée. Quand une discussion surgissait sur la meilleure manière de traiter un sujet, quand la quête d'un angle original se posait jusqu'à l'incarnation, il suffisait d'employer la formule magique « nous allons l'écrire dans le style ELLE » pour que chacune et moi hochions la tête d'un air entendu. Cela tenait du coup de génie, du coup de patte du maître queux, de la pincée d'épices qui estampille le chef et le distingue des gâte-sauces de série B. Ah, elles pouvaient aller se rhabiller les rédactrices de *Marie Claire*, de *Marie France* et de *Biba*! Notre style était unique, inviolable et déposé. Où donc? Mystère. *Don't ask.* Seulement voilà, certains ne respectent rien et cette question on me la posa un jour, et dans un contexte si particulier qu'il me fut délicat de ne pas y répondre.

J'étais assis dans un des salons démodés de l'ambassadeur d'Iran à Paris, venu y mendier un visa pour me rendre une fois de plus en Perse, terre de bazars, de martyrs et de mollahs. Jusqu'alors, mes entrevues avec des responsables de la république islamique s'étaient toutes déroulées dans une certaine fraternité de faux-culs, tout le monde mentant à tout le monde et ce, dans la plus grande clarté. Le conseiller-à-la-presse dissimulait sa carte de flic dans le fatras de ses propos mesurés, et de mon côté, je jouais au nigaud avide d'émerveillements touristiques, alignant les platitudes que l'on imaginait relever du QI lambda d'un troufion encalminé dans la presse féminine. Bref, on s'amusait beaucoup. J'ajoute avoir toujours trouvé l'Iran très russe, et d'ailleurs Reza Chah, avant-dernier monarque de la dynastie des Pahlavi, devait sa protection rapprochée à un bataillon de cosaques. Un certain penchant pour la poésie, une délectation pour les miniatures, l'amour du thé, les climats contrastés de ce pays où les frimas montagnards se catapultent dans des canicules désertiques, tout cela tintait à mes oreilles de Tretiakov et il m'était arrivé de le signifier à mes interlocuteurs, espérant par là même instaurer entre eux et moi un climat de confiance de baltringues. Seulement voilà, ce jour-là, mon vis-à-vis cassa l'ambiance. Peu amène, réservé, suspicieux, il m'écouta parler des femmes et de la chirurgie esthétique, prétexte bidon et resucée à un énième voyage, quand soudain il se pencha en avant et me demanda d'une voix suave qui sentait son coutelas : « Quelle est la ligne du magazine ELLE ? » Damnation ! J'étais bien incapable de le dire. C'était la question à 100 000 rials, à 500 000 tomans ! Je louvoyai. « Voyez-vous, dis-je, nous nous intéressons plus à la mode qu'à la politique... Nous écrivons surtout sur les cosmétiques, le coaching, la cuisine... » J'y allais fort tout de même. Alors, sentant que je ne pourrais tenir longtemps sur cette voie de garage, j'ajoutai : « Mais enfin, s'agissant d'un magazine féminin, vous imaginez bien que, comme nous sommes ce qu'on pourrait appeler un "organe libéral", dans le sens que l'on donne à ce mot aux États-Unis, autrement dit plutôt de gauche, enfin de centre gauche, je dirais que, comme vous pouvez l'imaginer, dans le débat qui se déroule au sein même du régime iranien, nous sommes plus près des modérés que des partisans de la ligne dure. » Il y eut un blanc et puis, perfide, le roué fonctionnaire glissa, le visage soudain creusé de rides buccales : « Vous dites "régime iranien". Mais vous ne dites pas "régime américain" ou "régime français". Pourquoi dites-vous "régime" ? » Aïe aïe aïe. J'avais pourtant retenu la leçon fournie par Claude Hagège lors d'une émission d'« Apostrophes » sur la langue de bois. Il avait expliqué de sa forte voix chatoyante comment celle-ci exigeait de réduire au maximum le nombre de mots pour se rendre inattaquable. Si l'on disait « La révolution a apporté la joie et la richesse aux ouvriers et paysans », on pouvait se voir contester de multiples manières. La joie, vraiment ? Et la richesse ? Aux paysans ET aux ouvriers ? Mieux valait user d'un slogan brut et ramassé, du genre « La révolution, c'est le bonheur », et basta ! Qui pourrait contester cela ? Et moi, j'y étais allé de mes mots surnuméraires, de mes propos de petit intellectuel, de coq à l'encre ! Et voilà. Je dus ramer, je dus faire tapis carpette, comme disait ma mère pour évoquer les grandes gueules qui s'aplatissent comme des crêpes après avoir bombé le torse, pour peu qu'on leur vole dans les plumes, ce qui n'allait pas de soi à l'ambassade d'Iran où, question tapis, on en connaissait un rayon ! Bref, je remerciai mon interlocuteur pour sa vigilance, reconnaissant que les clichés, les idées reçues m'avaient joué un bien sale tour, offensant à plus d'un égard pour mes hôtes iraniens, et j'assurai mon nouveau guide qu'à l'avenir je ferais plus attention, réservant mes propos sur l'Iran millénaire, les tournant et les retournant dans ma bouche comme un loukoum, un jus de grenade. J'eus mon visa.

Quelques années plus tard j'ai tenté d'en obtenir un autre, pour la Corée du Nord cette fois. Par l'intermédiaire d'une influente personnalité d'une grande maison de luxe, j'étais entré en relation avec l'ambassadeur officieux de cette étrange nation. Je l'avais croisé dans les cintres d'un prestigieux magasin des Champs-Élysées et il m'avait fait forte impression. La blague usuelle voulant que si l'on jette une pierre elle retombera toujours sur un Kim, un Park ou un Jung, il devait probablement s'appeler ainsi, et ce Kim ou Park ou Jung se comportait avec notre entremetteuse d'une fort inélégante manière. Il ne cessait de lui reprocher des négligences. À l'entendre, elle lui avait promis je ne sais combien de cadeaux, pots-de-vin et dessous de table qu'il attendait toujours, accusations réitérées qu'elle retoqua en expliquant que, tout au contraire, il avait reçu déjà force parfums, foulards et colifichets. Bref, en ce matin frais nous étions en route pour le retrouver dans ses bureaux interlopes et semi-clandestins, nichés au fond d'une ruelle désertée du 14ᵉ arrondissement. Là, derrière une porte muette, des étages de salons vides s'empilaient. Nous glissâmes dans un ascenseur sans lumière et nous y glissâmes vraiment, ne restant debout qu'à la faveur d'un coup de bol, juste à temps pour entendre notre guide tout ricanant dire : « Oui, c'est comme l'ascenseur chez Louis Vuitton aux Champs-Élysées. » Il faisait référence, en connaisseur, à la pièce arty d'Olafur Eliasson, cette cabine antisensorielle que les publics empruntent en frissonnant. C'était osé de comparer son cercueil à un monte-charge d'exception mais le ton était donné, ironique et légèrement méprisant, peut-être même agressif. Allions-nous ressortir de cet antre ? J'espérais qu'argumentant toujours sur le registre du journaliste traqueur de beauté féminine, vantant l'opalescente carnation des femmes de son pays, il consentirait à me délivrer le sésame qui m'ouvrirait les portes de son repaire. Une fois à Pyongyang, j'y réaliserais un reportage sur le casting des femmes flics affectées à la régulation du trafic automobile dans les rues de la capitale. Je les avais repérées, toutes longilignes, altières et superbes. Je savais également qu'un langage floral avait été mis au point au fil des révolutions de palais et qu'à chaque dirigeant était accouplée une fleur précise, donnée que les Coréens maîtrisaient, ce qui leur permettait de décoder dans les défilés, tous officiels, à qui telle ou telle couronne rendait honneur. Rien ne se passa comme je l'espérais. Le Kim ou Park ou Jung secouait la tête en répétant : « Franchement dire, je ne peux pas. Franchement dire. » Mais pourquoi, insistait mon poisson-pilote. Pourquoi donc ? « Mais parce que Monsieur est peut-être un agent de Séoul. » Ah si seulement ! Mais non. Et j'avais beau lui seriner que ce qui nous intéressait, nous, au ELLE, fidèles à notre ligne éditoriale que je dessinai à gros traits, c'était d'abord et même essentiellement l'éclat juvénile de ces sylphides en uniforme, l'efflorescence urbaine des bouquets de propagande, le diplomate secouait la tête et, comme pour se convaincre lui-même, scandait d'une voix de fausset débordante d'énergie : « Selon les termes du président Kim Jong-il, la beauté des femmes est le reflet de la persévérance et de la clairvoyance du peuple coréen dans la construction du socialisme. » Et on ne savait s'il était sérieux ou s'il bidonnait, jouait son rôle comme s'il avait voulu nous faire rire en quelque sorte, voir nous signifier qu'il n'était pas dupe des obligations qu'il devait assumer, à moins qu'il n'ait voulu ainsi convaincre mon cornac de lui céder encore quelques breloques, mais rien n'est moins sûr. Finalement, nous dûmes repartir, déçus. Je n'eus pas mon visa.

À l'évidence, je n'avais pas su convaincre. La ligne éditoriale du ELLE que je m'obstinais à lisser devait paraître encore trop sulfureuse aux yeux des satrapes de Pyongyang.

Philippe Trétiack

Retors et paranoïaques, ils étaient sûrement les seuls à trouver dans nos pages des ferments de révolution, fût-elle bourgeoise. Il est vrai que, à la différence de toutes les autres éditions mensuelles publiées du Brésil à Singapour, le ELLE français était hebdomadaire et il l'est demeuré dans le giron du groupe CMI, qui en avait fait l'acquisition en 2019. Il en résulte pour son équipe l'obligation quasi contractuelle de suivre l'actualité. Le journal n'y a jamais failli et s'est engagé ainsi dans quantité de combats nécessaires. Si le prisme de la protection des femmes fut toujours privilégié, ce fut sans relâche au nom d'une défense résolue de la démocratie. Ainsi, en janvier 1993, le magazine initia une pétition contre les violences faites aux femmes par les troupes serbes en ex-Yougoslavie. Intitulé « Les femmes contre la barbarie », le texte publié dans la presse dénonçait le viol comme arme de guerre, la purification ethnique, et demandait le jugement des criminels de guerre. La liste des signataires, d'Isabelle Adjani à Dominique Voynet, est impressionnante. Plus tard, quand, sous l'influence de Marie-Françoise Colombani, le magazine osa mettre en couverture une femme afghane voilée serrant une petite fille, non seulement il fut couronné par le prix Louis Hachette, mais il participa largement à la dénonciation des atrocités commises par les Talibans, ceux-là mêmes qui, de retour aujourd'hui à Kaboul, ont repris leurs méfaits. Plus que l'aide apportée aux journalistes afghanes dans la publication d'un magazine féminin baptisé *Roz* (« jour » en dari), opération pour laquelle une équipe de reporters s'embarqua pour la capitale afghane, ce sont les informations sur Tariq Ramadan que Marie-Françoise Colombani fit subtilement passer en 2003 à Sarkozy qui eurent le plus de poids. Grâce à elles, le futur président scotcha littéralement le prédicateur islamiste et ce fut un coup de maître. Hélas, de ces deux faits d'armes je ne pus jamais me prévaloir à l'ambassade d'Iran.

Notre ligne éditoriale, pour tout dire insaisissable, évoluait alors, non pas en ligne droite mais par à-coups, soubresauts, reculades et vols planés. L'œil rivé sur les ventes en kiosques et les abonnements qui – malédiction! – sans cesse s'amenuisaient, la direction, soumise à des pressions sévères, donnait des coups de barre de plus en plus heurtés. Un jour, elle ne jurait que par les people et ceux-ci déferlaient, étourdissant nos pages de leurs ineptes propos d'actrices et d'acteurs bourrelés d'états d'âme factices, puis une exigence de vérité sociétale se poussant du col, le magazine exigeait soudain des journalistes qu'ils engrangent du témoignage, et le reportage de terrain devenait la panacée. Puis, quand on finissait par se lasser de ces avalanches de vécu sinistre, de capitulation devant l'existence et ses machinations homophages, les violences faites aux femmes et l'injustice en perpétuelle augmentation, la machine se cabrait et se mettait en quête de signes d'époque, et voilà que l'on aspirait à pleine trompe de la tendance, du néo, du nouveau, du chic, du hit, du Net, du geek, du bowl et de la destination de rêve new-look, et nos pages scandaient : tous en Géorgie, tous à Tbilissi! Seulement voilà, un peu à la manière de la célèbre formule de l'attaquant anglais Gary Lineker, « le football est un jeu très simple : 22 joueurs courent après le ballon et à la fin c'est l'Allemagne qui gagne », chez nous c'étaient toujours les people qui raflaient la mise. Je me souviens d'ailleurs qu'un de mes amis, un ex du ELLE passé à *Marie Claire*, avait obtenu là-bas le titre de « responsable culture et célébrités ». Cela sentait son *sea, sex and sun*, son « coquillages et crustacés », et j'adorais cela car tout y était dit, résumé, parfaitement estampillé connard, ce que le talentueux titulaire de ces rubriques n'était en rien par ailleurs.

Cette prégnance des people virait parfois à l'obsession. Moi qui cherchais sans cesse à m'échapper de l'entreprise, à ne pas être pris dans les rets de la vie de bureau, je redoutais la catastrophe, la grande, la baraquée qui finirait par nous frapper. Ce jour-là, il nous faudrait, collectivement, l'affronter, sans état d'âme. J'en imaginais déjà l'actualité, celle qui exigerait notre présence à tous, unis dans une cohésion sans faille. Ce scoop à l'avance m'assommait. Il me minait par anticipation et j'en faisais le cauchemar à répétition. Le téléphone sonnait et l'on m'annonçait la nouvelle : deux actrices de premier plan, deux idoles de notre magazine qui avaient à plusieurs reprises « fait la couv », des stars légendaires, une brune, une blonde, des déesses du septième art, venaient de casser leur pipe, le même jour, déchaînant une tempête d'affliction et des torrents de larmes de crocodile. Le titre de l'article, peut-être même du dossier, m'apparaissait, macabre : « Isabelle Adjani renverse Catherine Deneuve avec sa Clubman. » « Invitées au mariage de l'émir Ben Y, Sandrine Kiberlain et Léa Seydoux s'écrasent en montgolfière. » « Intoxication : Lætitia Casta et Leïla Slimani rechutent à La Salpêtrière. » Du gâchis pour toute la presse people qui, faisant son beurre sur les nécrologies, aurait préféré voir ces disparitions mieux ventilées. Hélas, le destin se moque des comptes et des bilans, et puisqu'il y avait mort de femmes il fallait agir, tout le monde devait s'y mettre. Or je savais pertinemment ce que cela signifiait. Durant les premières heures, les journalistes de tous les organes de presse, quotidiens, hebdomadaires, mensuels, blogs et feuilles de chou martyriseraient leur téléphone dans le but de recueillir à chaud d'émouvantes paroles lâchées par quelques proches de nos chères disparues. Ces témoins de première pression n'auraient, eux, que le souhait de se fondre dans la nature pour cuver leur chagrin et plus encore pour fuir ce harcèlement dont ils feraient l'objet. Ils répondraient à l'un, à l'autre, et finiraient par tirer le rideau. Alors ? Alors comme toujours, comme chaque fois qu'une célébrité lâchait la rampe, les journalistes s'en remettraient à leurs vieilles recettes. Ils puiseraient dans leurs archives pour en extirper les articles déjà rédigés sur l'une et sur l'autre. Barbara, Coluche ou Johnny y avaient eu droit et cela ne changerait pas avec telle ou telle star, vrai talent ou vague coqueluche des réseaux, propulsée par la cavalerie des influenceurs au firmament de la célébrité. D'ailleurs, je n'avais pas oublié que le 30 septembre 1985 tombait un lundi et que Simone Signoret justement était morte ce jour-là. Fût-elle morte le lendemain que nous aurions été certes accablés mais sereins. Hélas, en ce jour de deuil, nous avions encore le temps de tout détruire du numéro en cours pour le remplacer à la hussarde par un torrent d'articles où se mêleraient lamentations et rétrospectives. Et bientôt, la tristesse s'était muée en une exaspération généralisée, et Simone était passée en quelques heures de l'icône à la chieuse. Et cela recommencerait, et plutôt deux fois qu'une. Alors, de cet état de transe qui irriguerait nos couloirs, je tenterais, là encore, de m'extirper. Je fermerais mon ordinateur. J'en claquerais l'écran, le glisserais dans ma sacoche et si, exaspération aidant, je me trouvais pris dans une bousculade d'ego, dans quelque échange d'arguments, je laisserais passer l'orage, car j'avais pour credo l'idée simple et lumineuse qu'il ne faut jamais se fâcher pour une dispute.

Ô puissance des nécropoles! Les disparus occupent une place considérable dans les magazines. L'intérêt d'une artiste adorée prospère avec le temps, bourgeonne, et quand elle dérape et quitte la scène, les machines à cash se mettent à crépiter. Le public est friand d'images heureuses quand on les sait fossiles, les hors-séries sont des plus à gagner où l'on recycle ce qui traîne dans les archives, bref, le défunt est un cadeau du ciel. Cela n'empêche nullement la peine et l'affliction et je me souviens que nous fûmes attristés par les départs de Barbara, Serge Gainsbourg, Amy Winehouse, Simone Veil et de tant d'autres. Bien entendu, toutes les rédactions avisées concoctent à l'avance leurs hommages aux personnalités que l'on devine chancelantes. Il arrive néanmoins qu'un coup du sort précipite dans ces pages redoutées des gaillards flambant neufs et de félines somptuosités. Il faut alors faire bouillir la marmite aux souvenirs et jeter un voile noir sur les outrances passées. Du sexe et des turpitudes ne reste rien qu'un accablement aviné, car on se saoule pour tenir, on boit pour oublier que l'on signe un adieu.

1985, Christine Ockrent, rédactrice en chef invitée, entourée de la fine équipe dans les locaux du magazine, alors rue Ancelle à Neuilly. De gauche à droite : la rédactrice en chef Anne-Marie Périer, le directeur du magazine Jean Demachy, Christine Ockrent, Anne Chabrol, Marie-Françoise Colombani, Laurence de Cambronne et moi-même joliment cravaté.

Avec Charlotte Rampling en 1985, rédactrice en chef invitée, face au mur où se déployait le fameux chemin de fer du numéro en cours.

Le 19 juin 1986, comme j'officiais depuis peu dans le Bocal, le bureau attenant à celui d'Anne-Marie, alors rédactrice en chef, celle-ci parut à la porte. Dressée, calme, elle dit : « Coluche vient de se tuer à moto. Vous pouvez vérifier ? » Il n'y avait alors ni France Info, ni téléphone portable, ni réseau quelconque, et pour qu'une information soit confirmée, il fallait joindre l'AFP ou je ne sais quelle rédaction de province. Nous vérifiâmes. Et je pris l'habitude ensuite, quand il m'arrivait de m'attarder sur l'évolution de notre magazine, de citer ce moment d'intensité professionnelle. À chaque fois, Anne-Marie croyait que je cherchais à me moquer d'elle, ce qui n'était nullement le cas, mais, je ne sais pourquoi, elle en était persuadée. Quelques décennies plus tard, le 1er mars 2015, trois mois avant mon départ du magazine, je reçus un appel sur mon portable. C'était Anne-Marie, retirée des affaires depuis des lustres. « Tu as vu la brève erronée de l'AFP annonçant la mort de Martin Bouygues ? » Je l'avais vue et entendue, et maintenant j'entendais les commentateurs qui ne cessaient de crucifier leurs confrères responsables d'une bourde ayant entraîné une chute sévère du titre du constructeur en Bourse. Alors elle ajouta : « Je t'avais bien dit qu'il fallait toujours vérifier. » Elle avait attendu trente ans pour clore cette affaire. Coluche aurait apprécié.

Il arrivait qu'une personnalité soit invitée comme rédactrice en chef occasionnelle. Elle participait alors à notre conférence de rédaction, circulait dans nos couloirs flanquée d'un photographe chargé d'immortaliser son auguste présence. Ce fut le cas de Christine Ockrent, de Charlotte Rampling, le cas encore d'Isabelle Adjani. Une année toutefois, nous délaissâmes les célébrités et leurs maisons de vacances, les divorces et les scandales entre bimbos et basketteurs, pour mieux creuser le sillon de nos propres carrières. Une ligne de force se dessinait qui consisterait désormais à promouvoir les membres de la rédaction. Dans de multiples journaux et magazines, mais point le nôtre, les adresses des courriels des auteurs d'articles garnissaient désormais les pieds de page. Nous n'en étions pas encore là, mais le vent du changement bousculait l'ordinaire. « Nous allons faire de vous des stars ! » avait martelé le factotum de notre actionnaire historique, soudain dévoré d'un altruisme suspect face auquel, persuadés qu'il ne tarderait pas à faire machine arrière, privilégiant la microsphère des VIP traditionnels à nos molles personnalités, nous étions restés d'un calme remarquable, imperméables à l'ivresse qui eût pu nous corrompre et nous illusionner. Nous pressentions que nos talents ne vaudraient pas tripette contre un mariage princier, une audace de rappeuse « osant porter le voile islamique », une adoption, une trahison, une glissade vedette à Courchevel. Pour l'heure, les tentatives de viol dans tous les milieux, du business bancaire aux studios d'enregistrement en passant par les salles de garde des hôpitaux et les campus de grandes écoles, tout ce qui allait déferler dans la vague #MeToo n'intéressaient encore personne et, rétrospectivement, cette inaptitude à capter l'air du temps stupéfie.

D'ailleurs, il faut le dire, nos plus grands succès éditoriaux avaient de quoi nous terrasser. Ainsi, quand Michèle Fitoussi, folle qu'elle était, osa un édito sur les chiens et la crasse incivilité de leurs maîtres, cela faillit lui coûter un bras. L'époque

Philippe Trétiack

n'était pas encore aux contraventions pour abandon de déjections canines sur les trottoirs. Les moto-crottes chiraquiennes ciraient l'asphalte et le monde entier se gaussait de cette polluante chorégraphie, mais toucher aux chiens confinait à la barbarie. Dire qu'elle fut lue est un euphémisme. Certes, Salman Rushdie a connu pire, mais enfin la bronca qu'elle essuya fut sévère. Marie-Françoise Colombani connut elle aussi la gloire par la grâce d'un éditorial qui allait droit au fond des choses. Elle qui s'était rendue en Afghanistan pour aider les femmes à lutter contre l'oppression talibane mesura ce que cet engagement avait de risible au regard de l'enthousiasme que suscita son article « cri du cœur » sur la disparition inexpliquée des chaussettes dans les lave-linge. Une déferlante. Enfin, une reporter s'attaquait aux vrais problèmes. De mon côté, j'avoue que j'eus toujours un faible pour son papier sur les rognures d'ongles, texte acide dans lequel elle évoquait avec audace et détermination la masse acérée des déchets s'unissant en une boule compacte dans nos estomacs de rogneurs invétérés. Je crois bien qu'elle terminait son brûlot en soulignant qu'au tréfonds de notre organisme « l'armée des ongles veille ».

Kaboul, les petites culottes, le rap, l'écologie, les viols, les tartes salées et les licenciements abusifs, tout ce fatras, c'était nous, le ELLE. La Terre tournait sur son axe et nous tâchions de rendre compte de ses évolutions, de tous les soubresauts qui en secouaient l'épiderme. Lucide sur mon incompétence dans le registre des maillots de bain, j'avais exposé mon souhait de partir en Yougoslavie. J'escomptais en rapporter les portraits de quelques-unes des égéries des mouvements séparatistes croate, serbe et bosniaque. En ce début d'année 1991, les rapports alarmistes se faisaient récurrents et la guerre que l'on avait crue éradiquée d'Europe menaçait d'éclater à nouveau en son sein. Hélas, et la vieille consigne léniniste « un pas en avant des masses, mais pas dix » se révélant toujours d'actualité, ma proposition parut alors des plus saugrenues. En vérité, je soupçonne l'écrasante majorité de mes consœurs de n'avoir pas eu ce jour-là une vision très claire de la géographie balkanique, et reconnaissons qu'à l'époque elles n'étaient pas les seules. Un présentateur du journal télévisé avait pu commencer son laïus par un « Décidément en Yougoslavie, on n'y comprend plus rien », démonstration radicale de cette paresse intellectuelle qui allait bientôt contaminer toute une profession. J'avais l'air malin avec mon Herzégovine, mon Monténégro, mon Pristina et son Kosovo! Toutes ces contrées semblaient sorties d'un conte oriental ou d'une compilation de rapports d'observation militaire des débuts de la IIIe République. Je revois Anne-Marie Périer, qui, tout en me dévisageant avec un mélange de défiance et de sympathie maternelle, m'asséna un « On sait bien que ce qui t'intéresse, toi, c'est d'aller te balader au bout du monde ». C'était exact, mais cela n'ôtait rien à cette actualité qui ne tarderait pas à pourrir nos esprits. Et puis, la Bosnie, était-ce le bout du monde pour des gens qui partaient si souvent en vacances en Grèce ou en Italie? Mon idée fut rejetée et l'on passa aux affaires courantes, les maisons de starlettes, le plafond de verre, les petits riens qui vous changent une silhouette avec cet art consommé de coupler dans une même réflexion l'engouement pour une boîte de sardines bio et l'indignation devant la recrudescence des excisions quelque part au Soudan.

Ce fiasco reste pour moi exemplaire de ce que furent mes années magazine, du moins celles où je fus, comme mes consœurs, un journaliste chargé d'extraire de quelques rencontres anémiques des propos bouleversants sur l'injustice, l'amour et la paix intérieure. Toutefois, à la différence des femmes qui exerçaient le même métier que moi, j'ajoutais à mes prestations une dose involontaire d'exotisme qui confinait à la frustration. Lorsqu'il me fallait croiser la carrière d'un homme, je suscitais dès mon entrée en piste deux réactions enchaînées. La première était de déception. Tous les mâles jouissaient par avance à l'idée de se retrouver dans les pages de notre hebdomadaire. C'était en quelque sorte leur intronisation dans le domaine réservé de la séduction optimale. Et voilà qu'au lieu d'une pimpante journaliste moulée sexy débarquait l'un des leurs, brave type peut-être mais très faible en féminité. Il pouvait en aller différemment quand je m'attelais à récolter les confidences de quelques femmes. Certaines me firent d'excellents accueils, mais il n'en demeure pas moins que je fus l'exception qui confirme la règle et que, pour beaucoup, l'exception n'a rien d'exceptionnel. La seconde réaction fut souvent plus à mon honneur. Par principe, et bien que persuadés de toute l'importance d'être gratifiés d'un article, les VIP, les people et autres célébrités et stars que nous rencontrions nous accueillaient avec une certaine condescendance. Notre magazine demeurait cantonné dans une sous-catégorie journalistique. Pour le sérieux, l'ampleur des débats et la profondeur intellectuelle, il fallait aller voir du côté des quotidiens du soir et des hebdomadaires masculins. Nous autres bardés de publicités et de fiches cuisine, nous n'étions là que pour faire de la figuration, enjoliver le monde, mais certainement pas pour le changer. Nous étions grandement responsables de cet état de fait. Les femmes dans cette profession, et bien qu'elles s'en défendissent, souffraient d'un complexe d'infériorité manifeste. D'autant que plus d'une collaboratrice vivait en ménage avec un journaliste dit « chevronné », un homme de terrain reconnu comme un enquêteur, un vrai, un dur à cuire du reportage. S'il me faut donner un exemple de ce qui pouvait quelquefois nous maintenir dans une sous-catégorie, je rappellerai cet épisode de haute volée. En 2002, nous décidâmes de donner la parole aux candidats à la présidence de la République qui, selon toute vraisemblance, s'affronteraient au second tour. Nous reçûmes ainsi Lionel Jospin. Face à lui, la rédaction s'était disposée en arc de cercle et nous étions censés poser à tour de rôle une question à l'invité. Je m'y étais refusé car j'avais senti que cette comédie ne serait pas à notre honneur et, de fait, le système fut si bien verrouillé qu'il nous fut impossible de rebondir sur une réponse. Le candidat pouvait dire ce qu'il voulait, l'affaire était pliée, on passait déjà à la question suivante. Bien vite, j'eus l'impression que nous donnions, toutes et tous, l'image désolante d'une fournée de journalistes gracieusement invités par le roi du Maroc à lui poser quelques gentilles questions, chaque journaliste appelé à s'exprimer rougissant de contentement du simple fait d'avoir été désigné par sa majesté pour prendre la parole. Reste que ces échanges donnèrent lieu à quelques passes croustillants. Ainsi, quand nous demandâmes à Lionel Jospin quelle image lui venait immédiatement à l'esprit quand il entendait le mot « France », il répondit du tac au tac : des moulins. C'était tout à fait surprenant et d'autant plus que, quelques années plus tard, un socialiste accédant à l'Élysée s'appellerait François Hollande, terre de moulins s'il en est. Il marqua un point quand, pressé de dire si, pris dans la course effrénée de la campagne électorale, il avait encore le temps de réfléchir, il déclara : « Non ! » C'était bouleversant de franchise et il gagna le cœur de la rédaction. Hélas, à la relecture de ses propos par son staff, cet aveu disparut, dûment remplacé par une amphigourique réponse à la noix. Ce jour-là, Jospin perdit quelques soutiens dans notre rédaction. Vint le moment d'interviewer collectivement et selon le même procédé calamiteux Jacques Chirac. J'avais eu le tort de m'installer au premier rang, flanqué à ma gauche de l'excellente Sylvia Jorif. Arrive la question sur le mot « France » et l'image qu'elle suscite. Et voilà que notre Chirac répond de son phrasé si caractéristique, détachant bien chaque syllabe : la Fran-ce tech-no-lo-gique ; et là, devant l'énormité de sa réponse et son manque criant de sincérité, Sylvia et moi éclatons de rire, d'un rire qui se transforme en fou rire, et je nous revois, face au président, pliés en deux. La suite est connue, Jospin fut éliminé du second tour par Jean-Marie Le Pen, et par voie de conséquence notre dossier magnifique qui devait s'étaler sur des pages et des pages fut classé « direct poubelle ».

Une attaque d'article résumait encore et avec une régularité de métronome notre timidité : « Nous avions rendez-vous avec X et il était là. » Eh oui. Cela nous paraissait extraordinaire qu'X ait daigné respecter son engagement. Il pouvait être pâtissier, cambiste, Prix Nobel ou sauteur à la perche, sa présence nous éberluait. Il aurait pourtant fallu que ce talent fût bien crétin pour ne pas honorer ce rendez-vous quand notre magazine allait lui tartiner quatre pleines pages de cirage de pompes et lui booster d'autant sa notoriété, mais son apparition nous laissait baba. Vous remarquerez, lectrices et lecteurs attentifs, qu'il ne s'agissait dans ces cas précis que de personnages masculins. Nul dans la rédaction ne semblait s'étonner de la ponctualité des femmes, qu'elles fussent académicienne, ministre ou lauréate de diverses récompenses locales, nationales, internationales. Qu'elles aient été présentes à l'heure dite, au lieu défini, nous paraissait dans l'ordre des choses, mais qu'un homme respectât sa parole et nous accordât de son temps, c'était super! J'en fulminais et dénonçais de manière récurrente cet autodénigrement tout en reconnaissant que, pour une part, j'y trouvais un motif de satisfaction. Car, et c'était là le second effet de ma condition masculine, ma dissimulation se muait en force. Lorsqu'il m'arrivait de rencontrer un acteur de théâtre, un écrivain, un député de bon niveau, je savais que celui-ci s'attendait à ce que je vienne fouiller dans les tiroirs de son vestiaire plutôt que dans ses engagements moraux et professionnels, et si ma première question bulldozer avait été « Slip ou caleçon ? », il en aurait été rassuré. Eh bien non, et je me revois dans cet hôtel du quartier Saint-Paul, face à Gérard Desarthe qui chaque soir interprétait son rôle dans un *Hamlet* monté au théâtre des Célestins à Lyon. Que, pour entamer notre discussion, je lui aie demandé ce que cela lui faisait d'être obligé de jouer contre la mise en scène l'avait ulcéré. Le début fut houleux, le résultat fut formidable, car du pugilat verbal surgirent des envolées lyriques et de stylistiques audaces. Reste que je ne sais toujours rien de ses penchants sous-vestimentaires. Ces quiproquos, je les accumulais. Un soir, calé à l'arrière d'une Mercedes, j'écoutais Michel Boujenah discuter avec Richard Anconina de ses déboires amoureux. À l'évidence, il insistait assez lourdement pour qu'à mon tour je m'en inquiète et nourrisse mon article de lamentations tendres et viriles, seulement moi, ces affaires, je m'en contrefoutais. Et j'en fus plus encore exaspéré quand, deux décennies plus tard, allant interviewer Penélope Cruz dans une villa-hôtel de la Riviera, trois attachées de presse terrifiées me serrèrent sur 30 mètres de parcours pour me rappeler que je ne devais « surtout pas lui poser de questions sur ses enfants », après quoi je m'empressai de dire à l'actrice, à peine entré dans sa suite, que de ses enfants je me foutai, mais alors, royalement !

La situation s'aggravant dans notre Yougoslavie en miettes, je finis par m'y rendre en compagnie du photographe hollandais Robert Van der Hilst, élégant personnage, mixte de Charlton Heston et de Kirk Douglas, dont la beauté d'éternel bronzé lui valait l'admiration de toutes les femmes que nous croisions. C'en était lassant, et d'autant plus dans cette Serbie qui n'avait pas fait un pas en direction de notre société asexuée. Belgrade regorgeait de brutes au cheveu court, au crâne de conscrit et de filles aux formes stratosphériques. Au cou de taureau des mâles répondaient les poitrines des femelles, et la division des sexes était d'une écrabouillante crudité. Nul ne résuma mieux l'ambiance du jour que ce noceur réchappé d'une boîte de nuit qui me lâcha en bourrant sa chemise constellée de sueur dans son pantalon : « C'est la première fois que je traîne dans un club où les videurs sont à l'intérieur. » Alléchés par des rumeurs attestant une flambée autogestionnaire dans les usines du sud du pays, nous dénichâmes un véhicule et un chauffeur, qui s'empressa de trafiquer de l'essence, probablement volée dans une citerne de ministère, et nous partîmes. Nous quittâmes Belgrade à l'aube pour rejoindre Nis, ville que nous atteignîmes après avoir foncé sur une autoroute vidée de toute voiture, hormis la nôtre. Accueillis par la dirigeante syndicale d'une manufacture géante, tout en rouille et cheminées branlantes, nous déambulâmes d'un atelier l'autre jusqu'à ce que, avisant des toilettes, je m'y éclipse. Ce court intermède fut suffisant pour que tout culbute. Au sortir du réduit, et comme j'étais en quête de mon camarade et de notre guide, je pénétrais dans un hangar, progressais à tâtons dans un noir de cave quand je fus brutalement stoppé par un individu en treillis, le front ceint d'un turban à tête de mort, qui se mit aussitôt à vociférer, m'enjoignant de la boucler, de m'asseoir et d'attendre. Mes rudiments de russe me firent saisir au vol le mot « espion » répété suffisamment de fois pour en devenir inquiétant, et quand il m'empoigna pour me traîner au-dehors, je tombai sur une tripotée de paramilitaires bientôt rejoints par deux types en manteau de cuir installés l'un au volant, l'autre à l'arrière d'un autobus vide de tout passager. Il se passa alors ce qui se passe toujours dans les moments de négociation intense, ils me poussèrent, je résistai, et la poussée se transforma de plus en plus rapidement en passage à tabac, quand survint la déléguée syndicale qui m'agrippa par la manche et me tira à son tour mais dans l'autre sens, et cette gesticulation syncopée doublée d'un flot d'invectives et d'insultes, de bourrades et de postillons, s'acheva par ma relaxe. Comme dit l'autre, on ne connaît de l'histoire que le récit qu'en font les survivants, ce qui est bien regrettable, car si les dévorés pouvaient s'exprimer, on en saurait un peu plus sur la réalité du cannibalisme.

Des bousculades, des horions, des pains, certes nous en prîmes. Et de toute nature. Anne-Marie Périer résumait ainsi sa fonction de directrice du magazine d'une formule lapidaire : « Je suis payée pour me faire engueuler. » Par les annonceurs, les actionnaires, les lectrices, les abonnées, les employées. Sur ce chapitre, la France est tête de gondole, et la cartésienne affirmation « Je pense donc je suis » doit s'entendre comme « Je pense donc je suis contre ». Reconnaissons toutefois qu'en matière de pugilat fratricide nous ne sommes pas les seuls. Borges écrit que ce qui caractérise au mieux le style de ses compatriotes argentins, c'est « Vl'an ». Rien d'étonnant alors si, vu de l'extérieur, un magazine féminin s'apparente à une foire d'empoigne, à un ring. On s'imagine que des filles s'y crêpent le chignon à longueur d'année, que des gangs s'y disputent le territoire et s'affrontent pour des motifs le plus souvent futiles. S'il est arrivé que cela clashe, ce fut pourtant exceptionnel. Les inimitiés, les jalousies, les perfidies que l'on s'imagine avec un malin plaisir relèvent de la misogynie des plus classiques. En vérité, j'aurais tendance à penser qu'une rédaction de femmes a plus de tenue qu'un comité d'entreprise. Nonobstant, il y eut des phases tempétueuses. Elles correspondaient à des moments de flottement dans la direction du magazine, des entre-deux de gouvernance. Nous connûmes une période où notre belle unité générale, celle d'un univers où l'on abordait le monde « à la façon ELLE », ce qui ne voulait rien dire mais laissait penser que nous partagions tous une vision du monde singulière, s'éparpilla en une myriade de microtendances, de regroupements claniques qui la firent voler en éclats. Celle-ci, loin d'être feinte, soudait les équipes. Si toute entreprise est une famille, la nôtre l'était plus encore car il flottait dans nos couloirs un parfum de dynastie saupoudré de camaraderie bienveillante. Chez nous, le travail bien fait ne comblait personne. Il fallait qu'il fût encore reconnu et encensé par la troupe et il n'était pas rare d'entendre une journaliste dire à sa consœur combien elle avait apprécié son dernier opus. Quand on sait la malveillance qui peut ternir les rapports entre salariés et peut-être plus encore, si l'on en croit les préjugés sexistes, entre femmes salariées, on mesure combien ce magazine était unique. Cela n'empêchait pas que de temps à autre un conflit éclatât et que des vociférations brisent la sacro-sainte unité de la rédaction. Rares toutefois étaient les accrochages aptes à révéler des divergences dans ce qu'il serait bien excessif de baptiser « vision » ou « ligne éditoriale ». S'ils survenaient, c'était toujours sur des thèmes dont il aurait mieux valu se tenir éloignés. Le Moyen-Orient bien entendu, qui chez nous comme ailleurs demeurait un sujet explosif. Je me souviens que Dorothée Werner, excellente journaliste, avait signé un papier sur l'impossibilité d'aborder le conflit israélo-palestinien dans les dîners en ville. Nous étions quelques-uns à avoir jugé ce papier détestable, entaché, de notre point de vue, d'un soupçon d'antisémitisme imbécile, ce dont Dorothée fut malade. Très remonté, j'étais allé voir Valérie Toranian, désormais à la tête du magazine, pour l'informer qu'à partir de ce jour je soutiendrais le point de vue turc dans la douloureuse question du génocide arménien. Il n'en était rien évidemment, mais j'avais voulu par cette provocation lui signifier combien j'étais exaspéré par cet article. Ma consœur, la journaliste Nathalie Dolivo, fut elle aussi embarquée en 2012 dans une très sale affaire pour avoir soutenu que, depuis l'élection d'Obama, le style bourgeois chic était une possibilité offerte à la classe moyenne afro-américaine jusqu'alors cantonnée dans le *streetwear*. Le propos, assurément discutable, aurait dû, en temps normal, être pris pour ce qu'il était, de la sociologie de bazar noyée dans une écriture virevoltante, exercice dans lequel nous excellions, mais l'époque se tendait et les susceptibilités communautaires étaient de moins en moins canalisées. Elle fut la cible d'une terrifiante campagne orchestrée par les réseaux. On lui pourrit la vie, elle fut menacée de mort. Des militants s'installèrent devant l'entrée de notre immeuble à Levallois-Perret et le ELLE fut l'objet d'une vive campagne visant à démontrer et à dénoncer son caractère raciste. C'était franchement cinglé. Que l'article fût très moyen, c'était une cause entendue et je n'y voyais qu'un exemple de plus de cette frivolité aimable qui tirait le magazine vers le bas, mais les couteaux s'aiguisaient et, sans le savoir, nous venions d'entrer dans la zone de turbulences où le ELLE serait assimilé aux dominateurs blancs, quand bien même nous n'aurions été au pire que des dominatrices.

Il arrivait aussi que, dans cet univers de femmes au sein duquel j'évoluais avec une feinte décontraction, de simples conflits de personnes prennent des proportions infernales. Les inimitiés accumulées se fortifiant au fil des jours, il advenait que cela éclate. Trop de femmes au mètre carré peut-être, trop d'*open space*, trop de rivalités dans la répartition des pouvoirs, comme dans toute entreprise, bref, ces guerres de tranchées ne pouvaient être conclues que par des salves d'arquebuses. Deux têtes pensantes s'insupportaient notoirement, la rousse Marie-Françoise Colombani, devant laquelle aucun crayon ne résistait plus d'une demi-heure – elle en mâchonnait des quantités –, et Anne Chabrol, la brune au verbe haut et aux pieds si beaux qu'on aurait dit des mains. Salarié du magazine depuis deux années, je m'escrimais à relire je ne sais plus quoi quand l'une, pénétrant dans notre bureau, avisa l'autre et cracha cette réplique : « Quand je vois ta gueule, j'ai envie de vomir. » Dans notre univers nappé de cosmétiques, de silhouettes envoûtantes vouées au bien-être, cela tranchait. Entre elles, ce fut définitif. Il faut reconnaître que MFC, comme nous l'appelions pour faire court, me semblait avoir un talent consommé pour entrer en conflit avec ses consœurs et confrères. J'en fis les frais et je ne sais plus pourquoi, mais il reste entre nous, et en dépit de notre amitié profonde, comme un fumet de shrapnel. Ce fut bien pire avec Serge Raffy qui, venu du *Nouvel Observateur*, fut chargé de diriger la rédaction du journal suite à la défection de Jean-Dominique Bauby, frappé de cet épouvantable *locked-in syndrome* qui devait le terrasser. Cette fois, MFC dut quitter le journal pour incompatibilité d'humeur. Son retrait temporaire fut regrettable car elle possédait, en sus de son talent de journaliste pugnace, un art aiguisé du lapsus et je ne me lassais jamais de tendre l'oreille quand elle prenait la parole, guettant le dérapage lacanien qui dirait tout en une seule embardée. De ces glissades, elle était la tsarine. Cela tenait en partie au crayon qu'elle mâchouillait, à sa fébrilité et à son imaginaire fantasque. Elle produisit l'un de ses chefs-d'œuvre au détriment de la belle et regrettée Pauline Laffont. Invitée au Festival de Cannes, l'actrice s'était engagée à nous fournir un texte dans lequel elle livrerait ses impressions d'artiste. Elle ne fut pas déçue. Nous le fûmes. Son « papier », comme on le dit chez nous, manquait de corps, il était plat et l'on ne savait qu'en faire. Vint l'instant cruel pour l'une et l'autre, où Marie-Françoise dut lui signifier notre insatisfaction. L'actrice appelle le journal, elle est encore sur la Croisette, Marie-Françoise l'accueille, enjouée, ravie de lui parler, et bientôt bredouille, mâchouille, s'empêtre et je l'entends dire : « Oui bien sûr ça n'est pas mal, mais ton article, là, "Mon premier festival de conne"… » Du nectar.

Au fil des années, mobilisé par le grand reportage, je me suis retrouvé souvent en porte-à-faux avec ce qui faisait l'ordinaire des pages du magazine, de longues interviews d'actrices, des papiers de psychosociologie où des spécialistes du couple, du partage des tâches ménagères et de la maternité discouraient en thérapeutes et sociologues. Bien qu'entouré de consœurs chevronnées, subtiles et sensibles, professionnelles en un mot, je me vivais comme le tenant d'une ligne sérieuse. Je continuais de penser que le propre d'un organe de presse était d'informer. Ce que nous devions vendre, ce que nous devions transmettre valait plus qu'un divertissement. Je n'étais pas le seul à le professer, d'autres journalistes comme Caroline Laurent avaient le reportage dans le sang, et les préoccupations sociales et bientôt environnementales en animaient plus d'une, mais la désinvolture et le cynisme gagnaient peu à peu la rédaction. Nous aussi sombrions dans cet océan d'humour frelaté qui a depuis déferlé sur les radios et les télévisions. J'en étais responsable en partie puisque, avec ma consœur Michèle Fitoussi, nous avions dans nos pages tendances largement labouré un territoire où les sujets, quels qu'ils fussent, étaient traités avec une même faconde et franche rigolade. Je n'en étais pas fier mais j'avais été moi aussi une victime de la mode, réduit à ricaner de tout, à coller ensemble des éléments du paysage en expert de bistrot. Et il est vrai que j'avais du nez et, plus encore, des yeux, car je repérais la montée en puissance des couleurs, percevais les mots dont la présence n'allait pas tarder à en exaspérer plus d'un, comme l'insupportable « inspirante » que l'on trouve aujourd'hui encore partout, deux ans au moins après son émergence. Fallait-il que nous soyons des êtres faibles pour avoir besoin d'être sans cesse rassurés par des propos accessibles sans effort !

En vérité, je ne jouissais pas plus de mon statut de journaliste rompu à parcourir la planète. Je ne ressentais aucune empathie envers le machisme d'une profession de baroudeurs, mieux, j'exécrais mes confrères qui se la jouaient « reporter », qui se racontaient leurs exploits en éclusant des bières, vautrés dans les fauteuils en skaï des salles d'attente des aéroports de Tunis, Abidjan, Dubai ou Sarajevo... En vérité je n'aimais pas mes semblables et peut-être avais-je trouvé dans le refuge d'un magazine féminin la meilleure façon de les fuir. Je ne voulais pas les croiser, ces héros de l'info, ces défenseurs autoproclamés de la démocratie, sûrs d'être la digue ultime susceptible de nous protéger du dévissement mondial, d'un abêtissement qui signerait l'abandon de nos valeurs les plus sacrées. Face à mes confrères aux gilets multipoche, j'assumais ma part féminine. En dépit de mon sexe de naissance, j'étais un peu plus femme sans doute que beaucoup d'entre eux, et tout cela sans avoir besoin de castration. J'étais, sans le savoir, une version soft de l'idéologie transgenre, son avant-garde en quelque sorte. Et de cela aussi je ne tire nulle fierté, mais plutôt de l'accablement, car ce qui m'animait, ce n'était pas l'exploit, mais la littérature, le sens des mots décrochés au hasard des rencontres. Et des silences encore, préservés de tous les tics d'un métier passionnant mais souvent ridicule. Pour l'exprimer simplement, à l'image de quelques-unes de mes consœurs, je souffrais moi aussi d'un complexe d'infériorité. Je l'ai dit, travailler dans un magazine féminin, ce n'était pas sérieux, et tout le monde devait en convenir. J'y gâchais une part de mon talent, bradé aux cosmétiques, aux falbalas, à l'éphémère des collections de mode, aux dilemmes psychologiques et aux tracas familiaux. Ce que nombre de rédacteurs de pub vivaient comme un pervertissement de leurs qualités littéraires, eux qui, vendus aux marques, auraient dû s'atteler à peaufiner une œuvre, je le vivais de mon côté. Je ne pouvais me défaire de l'idée qu'exercer la profession de journaliste dans un magazine masculin, clairement identifié comme généraliste et d'actualités, aurait été d'une tout autre envergure, supérieure, en un mot. Et pourtant, je me savais également jalousé par mes confrères de *L'Express* ou de *L'Obs* et pour d'excellentes raisons. En premier lieu, notre magazine se portait bien, assuré qu'il était en cette décennie 90 de son matelas de lectrices et de lecteurs. Nous y trouvions les moyens de nos ambitions, nous avions le monde à portée de main, toujours ravis d'ajouter, de vol en vol, quelques milliers de miles à nos cartes Fréquence Plus, Star Alliance et Cie. N'empêche… le doute était là, instillé, bien installé, destructeur. Aussi, pour me défaire de cette désagréable impression de jouer dans la cour des petits, je pris soin, au fil des années, de multiplier les destinations hasardeuses. J'optais pour un journalisme de terrain moins attiré par les conflits que par les zones de tension où la misère se barricadait dans des quartiers de corons, suintait des aciéries, et se faisait poisseuse au fil des arrêts-buffet. Cela fut possible tant que la ligne du magazine s'y prêta. Mais le ELLE voletait à la dérive. Un temps préoccupé par le destin des femmes, féministe et résolu à combattre les inégalités pullulantes de salaires, de statuts, de libertés, il virait de bord et se vouait corps et âme au star-system. Au fil des interviews d'actrices américaines clonées et botoxées, des abîmes d'inepties s'ouvraient dans nos pages et je ne peux croire que de ces vides abyssaux le public féminin fût avide. Certes, Valérie Toranian, directrice cérébrale qui pilotait le magazine avec un savoir-faire où le corps et l'esprit s'épaulaient, avait réactualisé l'indépassable credo d'Hélène Lazareff, en démontrant semaine après semaine que le ELLE pouvait tenir dans sa formule magique et les fards à paupières et le viol comme arme de guerre. Les contraires s'affichaient en miroir pour attirer le client, et le « en même temps » cher à nos macronistes d'aujourd'hui soudait déjà nos pages. En la matière, et bien avant le marcheur de l'Élysée, nous étions novateurs, elles étaient novatrices.

Or donc, dans la période bénie où ce qui me taraudait travaillait encore le magazine – l'actualité, la politique, les conflits, la douleur, la misère –, je pus m'envoler ici et là, bourdonner sur la planète pour en rapporter des poches de sang. Nos pages furent ainsi éclaboussées d'oripeaux de déliquescence, celle qui ravageait les territoires privés de paix civile. Je fis du social, du brutal et du désastreux. Dujiangyan, dans le Sichuan, juste après le tremblement de terre, les restaveks, enfants esclaves en Haïti, le voyage sans espoir des réfugiés afghans d'Iran jusqu'aux portes de leurs bâtisses ravagées à Hérat, prélude à leur retour en fraude vers leurs taudis de Téhéran ou de Mashhad dans un *revolving door process* dont le récit fut magnifiquement titré « La fuite en arrière ». Je courus derrière le président Kirsan Ilioumjinov en Kalmoukie, errant de fermes désertées en usines à l'abandon, couchant sur le papier ce que la corruption coulait dans le béton. Je n'oublierai jamais cet employé taciturne qui trancha à la pince les scellés posés sur la porte d'un hangar derrière laquelle nous découvrîmes, neuves et inutilisées, des machines à carder la laine, toutes importées de Mazamet, dans le sud de la France. Quel fonds d'aide européen avait été siphonné pour qu'un tel équipement éclatant de ses chromes se trouve ici, claquemuré ? Devant mon étonnement, l'employé soutint un moment que l'absence des ouvriers s'expliquait par la pause déjeuner et il disait cela en se balançant de gauche à droite comme enivré par l'absurdité de ses propos.

Je fus de l'ouverture des dossiers de la Securitate en Roumanie, palpitant épisode où je croisai, dans la salle réservée à l'examen des archives par les victimes, un vieillard portant beau et qui parlait français. Il m'expliqua comment, à l'âge de 17 ans, il avait intégré la Garde de fer, celle qui avait massacré les Juifs à Iassy, là même où tous les membres de ma famille maternelle qui n'avaient pas fui ce chaudron avaient péri. Je fus désenvoûté dans une ville-satellite de Brasilia au cours d'une chasse aux illuminés dont la capitale du Brésil est le refuge, et je pus constater qu'au sortir de ce lavage ésotérique je ne me sentais pas plus mal qu'avant. Je sus convaincre le fils d'Anna Politkovskaïa, lui qui refusait de me parler, de me dire pourquoi il avait cessé de pratiquer le violon. Cela m'intriguait car je savais que sa mère, la grande journaliste assassinée, lui avait expliqué ainsi qu'à sa sœur que, s'il s'avérait qu'un jour toutes les professions leur seraient à l'une et l'autre fermées, ils pourraient encore gagner quelques roubles en maniant l'archet dans un couloir de métro, au hasard et par exemple à la station Tretiakovskaïa. Je sus convaincre encore les Femen à Kiev de poser non plus topless mais totalement nues, par − 17 degrés, et Oksana Chatchko, qui était vraiment très belle et vraiment très barrée, retira ses bottes et se tint debout le bras levé, la plante des pieds rissolant sur le givre. Elle s'est depuis pendue à 31 ans, à Montrouge, dans la banlieue de Paris. Montrouge, sinistre ironie, écho du drapeau qui jamais ne cessa de la poursuivre et de la traquer.

Après avoir évoqué, non sans tristesse, la disparition d'Oksana Chatchko, cette belle Ukrainienne qui dans son appartement de Kiev peignait des icônes, sautait sur son sommier dans son galetas et levait le poing en signe de défi envers les corrompus de tous bords, j'ose, fidèle en cela à cette union des contraires perverse et désinvolte, oui j'ose « à la façon ELLE » en appeler aux crèmes réparatrices et glisser du social, du coup de grisou, de la misère et des épidémies à la futilité des cosmétiques, à l'éphémère des fragrances et du velouté. Et tout cela bien entendu dans un seul et même mouvement, avec souplesse et détermination. Savoir retomber sur ses pattes en évacuant le sordide pour mieux s'émouvoir de sa propre fragilité, aimer les autres mais s'aimer plus encore, les journalistes de notre hebdomadaire se devaient d'être rompus à l'exercice. Se mettre au parfum, se couler dans la veine qui conforterait le magazine dans sa position de leader de la presse féminine, impliquait de reconnaître les fondamentaux sur lesquels nous hissions notre drapeau, et le premier d'entre eux était sans conteste l'univers de l'apparence nourri de fards et d'onguents déroulés au kilomètre au fil des rayonnages, des plus basiques à petit prix aux nirvanas olfactifs des maisons de luxe. Parce que les cosmétiques ont toujours occupé une place considérable dans notre univers et, subissant comme presque toute la presse la loi des annonceurs, nous étions tenus à une certaine discrétion sur les sujets qui fâchent. Ainsi, quand, à la suite de je ne sais quel relâchement de la maréchaussée éditoriale, nous publiâmes un article qui pouvait s'apparenter à un vade-mecum de la fauche en grand magasin, ce fut le bazar sans la charité. Je suppose que les signataires de ce brûlot voulaient attirer l'attention des gérants de ces points de vente, à la manière de nos actuels lanceurs d'alerte, sur les faiblesses de leurs espaces commerciaux, sur les trous dans la surveillance de leurs services de sécurité, mais le message fut mal reçu. La réaction fut sévère et, cette fois encore, les responsables marketing sentirent passer le vent du boulet. Je frémis à l'idée de l'amas de couleuvres qu'ils durent déglutir pour calmer leurs clients furibonds et les ramener à la table des négociations dans l'espoir de conserver, pour quelques semestres supplémentaires, de vitaux budgets de publicité.

À ma très petite échelle on m'avait signifié que le tabou, l'indestructible secret, se terrait dans les démaquillants. Oser dire que les mannequins étaient à la peine quand, au soir d'une séance photo, elles devaient débarrasser leur visage des crèmes qui le recouvraient aurait été vécu comme un crime de lèse-majesté, un acte de trahison, un coup bas dans le portefeuille. Les cosmétiques n'avaient qu'une fonction : faire du bien. Nous en doutions parfois et les troupes en charge de cette rubrique, où la légèreté des flacons dissimulait le poids des sommes en jeu, se battaient à rebours de nos suspicions pour nous convaincre du sérieux de leurs études. Aux crèmes dont elles s'enduisaient le corps comme aux traitements destinés à illuminer leur chevelure, elles voulaient notre adhésion. Et c'est ainsi qu'au cours d'un séminaire à Avignon la rédactrice en chef adjointe de la rubrique beauté, Élisabeth Martorell, fit sauter la baraque, quand, avec une spontanéité désarmante, elle s'écria : « Mais bien sûr que nous croyons à ce que nous écrivons ! Tenez, moi qui teste et utilise toutes ces crèmes, eh bien... je suis ronde... et je n'ai pas de cellulite ! » Aveu bouleversant qu'un tonnerre d'applaudissements vint saluer. Car c'était une victoire tout de même et simultanément une promesse. Celle de tenir la ligne à grand renfort de gels, de sérums, de baumes et d'élixirs. Bien entendu, certaines, perfides, n'hésitaient pas à brocarder leurs semblables dont les bureaux et les étagères croulaient sous les échantillons de fards à paupières et de parfums hors de prix, constatant qu'à la minceur des corps s'opposait l'obésité des placards. À la décharge des privilégiées arrosées par les mastodontes du secteur, elles n'hésitaient pas, aux riches heures de l'Union soviétique, à bourrer nos sacs à dos de reporters de tout un fatras de rouges à lèvres, de fards à paupières et de baumes régénérants, à distribuer largement par-delà le rideau de fer. Ce furent des années idylliques où un pauvre stylo siglé ELLE, un porte-clefs et même un sac plastique frappé de notre logo comblaient de joie ces femmes rencontrées à Moscou, Budapest ou Bratislava.

Cette ferveur, nous l'avions perdue en Occident, et les cosmétiques, s'ils nous ouvraient les portes de la jouvence, ne nous enivraient plus. Un certain cynisme teinté de jalousie et d'exaspération envers « les filles de la beauté » affleurait alors dans les couloirs, pulsion négative condamnable au demeurant, car dans un monde chaque jour un peu plus lisse et qui ne tarderait pas à sombrer dans l'« instagramable », une peau satinée, un teint rosé, une pétulance capillaire méritaient tout notre respect... jusqu'à la caricature. Ainsi, Anne-Élisabeth Moutet, devenue depuis une figure de la presse anglo-saxonne francophile, circula un temps dans nos couloirs à Neuilly, le corps comprimé par un corset médical, une sévère ceinture lombaire à baleines tout droit surgie d'un film de David Cronenberg. Et comme on s'étonnait de cet accoutrement semi-sadomaso, elle s'ébroua en claironnant : « Et pourquoi n'aurais-je pas le droit, moi aussi, de me promener avec un Jean-Paul Gaultier remboursé par la Sécurité sociale ? » Et là, elle marquait un point.

Monique Le Dolédec, qui dirigeait à l'époque la section beauté du magazine, me livra sur le tard le secret de ma survie dans cet environnement miné : « Nous les femmes, me dit-elle, nous sommes toujours dans la psychologie, toi tu es resté dans la sociologie. » Cela méritait réflexion, car si je me suis toujours défié de certains sociologues, journalistes ratés réduits à consigner des centaines de pages d'interviews pour démontrer ce que chacun perçoit intuitivement, il me semblait que cette remarque touchait juste. Combien de fois avais-je été sommé de prendre part à des débats dans lesquels je ne trouvais pas ma place ? Femmes et plafond de verre, partage des tâches à domicile ou bien encore infidélité, ciment du couple. À ce titre, il faut reconnaître que dans nos pages la survie du couple avait constitué une sorte d'apogée sensuel et tout était bon pour la consolider : le sport, le sexe, le non-sexe, les amis, l'art contemporain, le yoga, le yachting, les couleurs flashy, les animaux de compagnie avec une préférence pour les hérissons… On ne parlait pas encore d'oxymore à tout bout de champ mais notre combat pour la survie du couple tenait de la schizophrénie. L'étendard de la vie de famille s'effilochait au gré des modes qui voulaient que, pour rester calé sur le tempo de l'époque, on s'essayât à toutes les pratiques sexuelles du jour, et pourtant nous tenions à défendre ce couple qui battait de l'aile et même de l'ELLE, puisqu'il faut bien la faire, au moins une fois, celle-là. En réalité, du couple déifié ne restait au bout du compte que l'union nécessaire pour s'envoyer en l'air, dans la sinistre pénombre d'une défiance maintenue pour l'abstinence et la masturbation. L'ère du sex-toy n'était pas même annoncée. Il fallait agir encore en IRL, *in real life*, c'était décidément très « XXe siècle ».

Fort d'une idéologie qui martelait à coups d'artistes ivres de paradoxes que « tout était bon à n'importe quoi », c'est dans un autre registre que nous avions crevé le mur du son : celui des régimes, rubrique amphigourique de l'abstinence consommée. Lumineux, le philosophe Alain Finkielkraut, à qui des professeurs soutenaient que le niveau scolaire montait et qui pour le prouver vantaient le fait que les élèves d'aujourd'hui, s'ils faisaient parfois n'importe quoi, au moins évitaient de ne rien faire du tout, avait rétorqué : « J'ai hélas le sombre pressentiment que le n'importe quoi est la forme postmoderne du rien du tout. » En matière de régimes, nous cumulions tout et n'importe quoi. Car dans cette rubrique du magazine, capitale assurément, tout y est passé. J'avais moi-même expérimenté avec ma compagne du moment, une ravissante stagiaire blonde dont les lubies semblaient décalquées de mes propres engouements, le régime exclusif ananas. Deux jours durant nous en avions absorbé des quantités industrielles. Au départ, la pulpe coulait dans nos gosiers telle une ambroisie éblouissante. Le jus dégoulinait de nos mentons, tachait nos chemises, éclaboussait les murs. Puis vint la décélération gustative qui tourna à l'aversion. Le soir du troisième jour nous trouva attablés en terrasse, solides clients d'une brasserie qui nous servit de roboratifs steaks au poivre-frites. Le sommet de nos conseils nutritionnels fut atteint quand la rédaction décida de défendre le régime gouda-porto. Il semblait que la consommation réitérée d'une pâte batave solidement arrosée à la portugaise fît fondre cellulite et bourrelets. Les témoignages manquent pour apprécier les effets de cette feuille de route mais je crois bien que cette recette miracle ne fit aucune émule. On se perdrait à énumérer les occurrences alimentaires qui persillèrent mes années de bons et loyaux services. Me revient tout de même, comme une cerise alunie sur une corolle de zakouskis, ce titre imprimé en couverture du magazine : « Vite une quiche ! » Ce fut pour moi la plus belle des injonctions, le scoop indépassable. Une adresse trompe-la-mort, et après moi le régime ! C'était une époque où je partageais un appartement avec un vieux camarade dans le nord-est de Paris. Et dans ses moments de veille, quand, insomniaque, il ne pouvait trouver le repos, je l'entendais se lever, sortir de sa chambre, gagner la cuisine et là, dans le silence ouaté de la nuit capitale, il se faisait des pâtes. Un fumet d'Italie embuait l'atmosphère. Mieux qu'un livre assommant, les spaghettis comme la quiche pouvaient s'avérer d'excellents somnifères. Décidément, notre magazine, dans sa futilité, était d'une indéniable utilité.

L'engouement pour les régimes, signe d'opulence s'il en est, permettait à nos lectrices, et à nous-mêmes, de nous glisser avec grande modestie dans les pas – pour les vêtements, c'était autre chose – de ces créatures énigmatiques que sont les mannequins. Une femme œuvrait dans cet univers consubstantiel au nôtre et, sans elle, le magazine ELLE n'aurait jamais connu une telle célébrité. Odile Sarron, grande prêtresse des castings, régnait sur les défilés de mode et les agences. Cette louve qui roulait en Austin chaussée de cuissardes blanches et qui gouaillait dans le téléphone, qui terrorisait ses assistantes, que je surpris en train d'assener à son correspondant « Achète-moi des genouillères... parce qu'il faut tout le temps que je prie pour obtenir une fille », repérait les futures stars mieux que quiconque. Elle avait à sa botte tous les dénicheurs de perles rares, ceux qui soupçonnaient dans une jeune fille en salopette ou en bermuda tout occupée à pelleter du purin dans une ferme au fin fond du Brésil ou de la Jamaïque la présence de la déesse qui exploserait sous les *sunlights*. Jean Demachy avait un jour mis des mots sur le mystère des tops : « Il y a celles qui accrochent la lumière et celles qui, sous l'œil du photographe, ressemblent à des genoux. » Et il ajoutait : « Il y a deux choses "in-photographiables" : les genoux et les réfrigérateurs. » On sait que, sur ce plan, les fabricants ayant accompli ces dernières années une révolution remarquable, la congélation se barde désormais de parements flashy et hors de prix, mais pour les rotules, hélas... rien n'a changé.

Dans l'univers de la mode où « *size matters* », tout est question de taille et nous étions habitués aux superlatifs. Les jours de casting, j'empruntais l'ascenseur flanqué d'une volée de mannequins qui toutes me dépassaient de 10 ou 15 centimètres. Et pourtant, pas une ne chaussait d'escarpins à talon. Mais elles dominaient la cage du haut de leurs 16 ans et de leurs interminables jambes, ces attributs qu'Odile, la découvreuse de Claudia Schiffer, d'Elle Macpherson, d'Estelle Lefébure, de Laetitia Casta, de Carla Bruni et de tant d'autres phénomènes, leur intimait, de sa formidable voix de fumeuse de Gitanes, d'assurer. L'époque leur était favorable et l'on s'imaginait, à tort, qu'elles finiraient par remplacer définitivement les stars de cinéma. Propulsées par la tendance, elles s'étalaient partout et d'abord en couverture de *Top Model*, le magazine que le groupe venait de lancer. Cette publication fit notre bonheur car non seulement elle exigeait de notre part sans cesse plus d'articles, tous payés en sus de nos salaires mensuels, mais surtout que l'on sautât dans des avions pour foncer à Madrid, Londres ou Johannesburg rencontrer des filles splendides et décomplexées. De toutes les rubriques que comptait ce magazine, ma préférée s'intitulait « Top Love ». J'y œuvrais avec félicité. Interviewer ces adolescentes relevait de l'exploit car, pour la plupart, vu leur jeune âge, elles n'avaient strictement rien à dire. Et cela tombait bien puisque, franchement, leur intérêt ne nichait pas dans leur conversation. Elles n'avaient pas encore d'amoureux, elles n'avaient pas d'enfants, nul passé. Mais elles avaient des frères, des sœurs et surtout des parents, et très vite les entretiens – le mot est excessif – tournaient aux déballages charpentés et baroques de quelques intrigues de famille. Je me retrouvais ainsi en compagnie d'une top espagnole assez brindezingue qui fumait des joints dans sa chambre, le regard au plafond. La production lui avait réservé une fort belle suite non loin de la plaza de Cibeles, à Madrid. Tandis qu'elle gigotait en sous-vêtements sur son lit au-dessus duquel une main charitable avait cloué un christ en croix, j'entendais des raclements de brosse et des tintements de cuvette s'échapper de la salle de bains. Et pour finir, comme elle me racontait je ne sais plus quoi tout en faisant des galipettes sur son matelas, ce qui mobilisait toute mon attention, je vis surgir du réduit une petite femme boulotte vêtue de noir, sa mère sans doute, qui, montée de son village, était venue laver consciencieusement le linge de sa fille, dans le double lavabo en marbre rose de l'hôtel Ritz.

Je dus rapporter au journal l'empreinte du baiser d'une super top anglaise. J'avais fourré deux rouges à lèvres et une ramette de papier blanc dans mon barda avant de sauter dans l'Eurostar. Je savais que, dans ce genre d'affaire, il fallait jouer sur la série, répéter l'exploit, assurer ses arrières. Lorsque Serge Gainsbourg était passé au journal, déclenchant une tempête dans les services, tout le monde voulant à tout prix observer l'énergumène pour s'assurer de sa réelle existence et si possible le photographier – le selfie n'était pas encore obligatoire –, il avait dû s'y reprendre une vingtaine de fois pour apposer sa signature emphatique sur une simple feuille de papier. La pointe du stylo-plume Montblanc qu'il m'avait emprunté n'avait pas résisté à ses amples mais brusques mouvements de poignet.

Je débarquais donc de l'Eurostar dans la gare de Victoria, ancêtre de Saint-Pancras, et me dirigeais d'un pas solide vers le magasin Harrods, près duquel se trouvait l'agence de mannequins. L'opération fut rondement menée. Comme je m'y attendais, les premières salves furent baveuses, la top, désireuse de bien faire, écrasa ses jolies lèvres sur la feuille jusqu'à y faire naître des pâtés écarlates. Je songeais, en la regardant s'appliquer, qu'au même moment certains de mes camarades crapahutaient dans du sang véritable, en Afghanistan, en Irak ou je ne sais où. Dire que j'en éprouvais de la gêne n'est pas exagéré, mais il me faut ajouter que j'y trouvais en sus une forme raisonnée de plénitude. Que je fusse jalousé, c'était une certitude, et j'eus la joie d'être accueilli aux États-Unis par un douanier qui, séduit par mon visa de journaliste, me demanda, imperturbable : « *Have you got any models on you?* » Cela m'arriva parfois.

À la différence des acteurs et plus encore des actrices, interviewer une top model ne présentait aucun risque. Leurs agents demeuraient des êtres mesurés, éloignés de cette faune qui sans répit bruisse autour des vedettes du cinéma. Investis de je ne sais quel rôle de gardes-chiourme, de zélateurs ou de dévots survitaminés, les cerbères qui la composent vous barrent la route, vous éjectent des chambres d'hôtel où se déroulent les entretiens et vous enjoignent d'éviter les questions acides comme si le moindre dérapage allait signer, en sus de la fin de l'interview, celle de leur CDI. Non, avec les tops, c'était du gâteau. Plus elles étaient belles, plus elles étaient sympathiques. Il arrivait hélas, et trop souvent, que des actrices soient appelées à jouer aux tops. Un article de fond – je conçois que l'expression fasse rire et le déplore, car la réussite exige toujours beaucoup du talent – sur telle ou telle, Isabelle Adjani, Sophie Marceau, Béatrice Dalle, Monica Bellucci, Emmanuelle Béart, Juliette Binoche, Charlotte Gainsbourg, Marion Cotillard... se doublait souvent d'une série de mode. Les incidents pouvaient alors surgir d'une manière inopinée. J'en fus témoin le jour où, devant interviewer l'actrice Gong Li, égérie du cinéaste Zhang Yimou et de la firme L'Oréal, je la retrouvai entourée de la sempiternelle équipe de maquilleuses, coiffeurs et habilleuses, dans un studio photo du 14ᵉ arrondissement de Paris. Par mesure de précaution, à la demande de l'actrice elle-même ou plus certainement de ses agents, les questions que je m'apprêtais à lui poser, et dont on devine combien elles risquaient de mettre en jeu l'équilibre de la planète, avaient dû être transmises au préalable à notre franchise chinoise pour y être décortiquées puis traduites. J'étais donc assis dans une loge face à notre star et l'échange poussif débuta. Je posais une question et le traducteur calé sur une fesse à l'angle du sofa la reposait en chinois. L'étrangeté venait de ce qu'il ne traduisait pas exactement mes propos mais se bornait à lire la question qu'il avait reçue de Chine. Je m'inquiétais un peu de l'enchaînement de celles-ci mais, à l'écoute des réponses de l'actrice, il ne semblait pas y avoir de confusion dans la progression des échanges. Les premières minutes se déroulèrent sans incident. Cela manquait évidemment de rythme, car je devais attendre que le traducteur me restitue, en anglais, les propos de Gong Li, et ce qui fait le sel d'une rencontre, sa vivacité et ses hésitations qui sont autant d'aveux, en était évacué, quand soudain le traducteur s'étrangla. Il lisait et relisait la question sans la poser mais répétait : « *It's very humiliating, it's very humiliating.* » Que se passait-il ? Il me fallut un certain temps pour comprendre qu'une de mes questions avait été traduite par nos alliés chinois d'une manière plutôt offensive. Alors que j'avais écrit « Depuis que vous êtes célèbre, participez-vous à des actions caritatives ? », ses compatriotes, qui devaient avoir un sérieux arriéré avec la star, avaient retranscrit ma question par « Depuis que tu es riche, pourquoi tu ne donnes rien à ta mère ? » Et c'était en vérité une épatante question, car on a toujours tort de ne pas assez s'intéresser aux mères.

Au registre des incidents, ce dernier me tient à cœur. Nous organisions fréquemment des déjeuners dans l'une des salles à manger de notre immeuble, rue Anatole-France, à Levallois-Perret. Personnalités politiques, artistes et créateurs s'y succédaient. Nous reçûmes un jour Régis Debray. Il venait de consacrer le dernier numéro de sa revue *Médium* à la bicyclette. Ce moyen de locomotion, au même titre que la machine à coudre, fut longtemps considéré comme masturbatoire et donc fortement déconseillé au « sexe faible », qu'un rien pervertissait. Ainsi le sujet intéressait notre rédaction et nous envisagions de l'évoquer avec le philosophe. Le déjeuner démarra fort mal. Il était venu accompagné d'une doctorante qui commença par nous expliquer que la dernière couverture du ELLE, une sportive photographiée dans des anneaux olympiques par Jean-Baptiste Mondino, évoquait à ses yeux la propagande nazie. C'était tout de même exagéré ! C'était même délirant. Mais nous fîmes bonne figure. Ce ne fut pas le cas de Régis Debray, qui, au cours du déjeuner, plutôt coincé, semblait faire la moue, voire s'ennuyer. C'est alors que Marie-Françoise Colombani, reprenant là l'une des expressions favorites d'Anne-Marie Périer, lui demanda pour quelle raison il arborait ce visage dégoûté genre « ta bite a comme un goût ». Ce fut trop pour le médiologue qui, passant grand braquet, clôtura le déjeuner d'une manière certes civile, mais précipitée.

L'affaire n'en resta pas là, car nous avions vraiment l'intention de rendre hommage à ce numéro consacré à la petite reine, et il nous vint l'idée géniale de mettre sur pied une rencontre entre Régis Debray et Jeannie Longo. Je fus chargé de l'organiser, et si elle n'eut jamais lieu, je recueillis néanmoins une phrase devenue culte. Comme je proposais à la dix fois championne du monde de rencontrer Régis Debray, elle me répondit d'une voix pleine de lassitude : « Ah oui… mais là… vite fait sur le gaz. » Ce sprint resta virtuel et Jeannie jamais ne fut l'héroïne d'une joute intellectuelle, pas plus que d'une série de mode sur le retour du caleçon cycliste.

Du cycliste au cyclo, il n'y a pas loin. Ce fond utilisé par tous les photographes de studio et devant lequel tous les mannequins du monde font leurs classes est un résumé d'un univers de paillettes et d'éblouissement, plus resserré qu'on ne le croit, plus factice qu'on ne le juge. Les acteurs, les hommes et les femmes politiques, les créateurs, les sportifs, les artistes et les cuisiniers, tout ce que la presse réunit pour remplir ses pages interminablement doit y passer. Le cyclo est un incontournable et, durant quelques années, il fut un emblème, celui d'une montée en puissance des stars de la fashion. Séduit par l'entregent d'Odile Sarron, conscient du rôle qu'elle avait joué dans l'émergence d'une passion « tops », je lui ai proposé un jour d'écrire ses Mémoires. Nous voulions tous en savoir plus sur un monde où l'abus de chair fraîche était légal, où les abus qui l'étaient moins pourrissaient l'atmosphère, où l'argent, la drogue, la drague, les excès, les espoirs et les chutes en constituaient l'ordinaire. Elle refusa, arguant que nous serions crucifiés par les procès, que jamais nous ne pourrions partager avec le grand public une once d'un monde où l'exhibitionnisme imposé des séries de mode cachait un univers impitoyable. La ceinture d'opacité qui corsète ce milieu interlope s'est desserrée ces dernières années, mais l'omerta demeure. Au domaine du paraître, le dissimulé fait loi.

Une autre de nos walkyries du gloss et des cambrures, pièce maîtresse du casting de mannequins, vivait dans un appartement avec vue panoramique. Le seul inconvénient de ce palais se résumait à sa concierge, on ne disait pas encore « gardienne d'immeuble », qui lui menait la vie dure. Elle l'avait dans le nez. Il est vrai qu'entre le train de vie de l'une et le train-train de l'autre, il n'y avait rien de commun.

Quand la concierge, extirpée de sa loge, passait la serpillière dans l'escalier, « la bêcheuse du cinquième » y traînait ses malles Vuitton au retour de la Barbade ou de Formentera, et les talons aiguilles, les minishorts et les chemisiers de dentelle transparente de toutes les créatures qui pouvaient se serrer à six dans un ascenseur prévu pour trois renvoyaient la tâcheronne à sa silhouette en bouteille de Saint-Galmier. Cela devait mal finir et cela finit mal. Car la propriétaire de l'immeuble, sentant décliner ses forces, rédigea un testament par lequel elle léguait l'édifice à la virago du rez-de-chaussée. Pour la locataire, ce fut un coup de poignard d'autant que, pour payer des droits de succession considérables, la nouvelle nantie dut mettre immédiatement en vente l'ensemble des appartements. Chacun au journal était persuadé qu'avec ses émoluments sérieux notre collègue se porterait acquéreuse de la surface qu'elle louait depuis toujours. Erreur. Le champagne, les vins, les buffets, les cocktails, les orgies et toute sa vie en accéléré avaient eu raison de ses économies. Ce que dans le Sud on désigne par l'infernale trilogie des « trois A », fiesta, feria et bodega, notre égérie des castings et des troisièmes mi-temps fashion l'avait vécu sur un rythme échevelé. Elle fut jetée à la rue. C'était injuste, car avec son œil, son talent, son entregent, sa fougue à défoncer les portes, elle, aussi, avait tiré de l'anonymat un nombre impressionnant de stars des podiums. Les plus grandes étaient passées sous son égide, elle leur avait appris à cajoler l'une ses jambes, l'autre ses mains, la troisième ses lèvres et ses cils. Elle leur avait fait signer quantité de contrats qui interdisaient à telle sauterelle de monter sur un deux-roues, à telle autre de bronzer et à

Philippe Trétiack

toutes ou presque de respecter un « régime mannequin » qui, loin de se résumer à des privations, s'offrait parfois comme un remarquable vade-mecum diététique. Et voilà comment la société la remerciait. Peut-être n'était-ce là que juste rétribution pour toutes ces années passées à organiser la grande voltige de ces sylphides du Cap à Los Angeles, des pyramides d'Égypte aux somptueux décors de séries de mode que sont les architectures d'Oscar Niemeyer ou Frank Lloyd Wright. À son tour, elle déménageait.

À date plus ou moins fixe, une certaine fébrilité agitait l'atmosphère de notre salle de rédaction. Des filles, les bras chargés de sacs plastique, poussaient la porte du pied, tandis que d'autres tractaient des valises à roulettes. Bientôt, les bureaux dégagés à la va-comme-j'te-pousse de leur fatras de journaux, dossiers, sacs à main, enveloppes et cartes de visite se transformaient en étals et, d'un coup, notre espace de travail prenait des allures de pop-up store et de proscenium. Bon Dieu, la braderie! Une ou deux fois par an, chacune déballait sur zone sa cargaison de vêtements dont elle cherchait à se défaire. C'était la foire d'empoigne entre les ordinateurs. Comme dans toute section d'essayage, l'ivresse de la bonne affaire électrisait les participantes. Elles en perdaient le sens des convenances minimales. Ça se déshabillait dans tous les recoins, ça enfilait, ça défilait, ça balançait les pulls et les chemisiers par-dessus les soutifs, chacune quêtant chez l'autre une approbation ou la moue dubitative qui clôturerait la manœuvre. Et moi, dans tout cela, j'étais le paumé de service arrimé à son burlingue comme le naufragé à sa bouée de sauvetage. Aussi, quand il arrivait que notre salle commune se transforme en annexe d'Emmaüs puis en salon d'essayage, quand le shopping sauvage bousculait les emplois du temps, je prenais sur moi de m'éclipser, jugeant inopportun de passer au mieux pour un mâle désabusé, au pire pour un voyeur. Je ne sais au juste si cette attitude était la bonne. Peut-être aurait-il fallu que je reste cloué à ma chaise et même que je participe, m'enthousiasmant pour un bouillonné de dentelles, une avalanche de strass, du cachemire et des bottines McQueen ou Louboutin. J'aurais pu jouer les folles de service, la petite main du patron, le gars qui s'y connaît en silhouettes, en galbes et en cambrures mais, sincèrement, cela me prenait le chou. Ce corps-à-corps, par trop corporate, échouait à m'électriser les neurones. Une rédaction n'est pas une salle de douche, et même s'il m'arrivait de le déplorer, la pudeur voulait que l'on conservât un peu de décence, jour après jour à l'exception de ce jour-là où l'activité professionnelle se mettait en pause, cédant la place à la surchauffe d'une braderie générale.

Il en allait en vérité de notre salle de rédaction comme des vestiaires de footballeuses. En ce jour particulier, l'équipe y faisait corps et il était sport de s'y dévêtir en toute décontraction, d'y tomber le maillot, comme cela se faisait encore dans les studios de prises de vue que je fréquentais par obligation. Je dus patienter dans l'un d'entre eux, situé non loin de la porte de Vanves, en compagnie de la top Adriana Sklenarikova. Nous attendions l'arrivée de son compagnon, le footballeur Christian Karembeu. Vu les coûts de location des locaux réquisitionnés et de toute la sarabande de maquilleurs, coiffeurs et cuisiniers dépêchée sur le set, Adriana s'était mise dès son arrivée en tenue de travail car elle escomptait se lancer au plus vite dans le marathon photographique annoncé, si bien qu'elle déambula quasi nue deux heures durant et je dois dire que le spectacle de cette femme par ailleurs extrêmement sympathique, bouleversante dans son évocation de ses jeunes années perdues dans une Tchécoslovaquie socialiste où les plaisirs étaient simples, où la naïveté de tous donnait aux jours, nostalgie oblige, un goût sucré de pain perdu, m'occasionna quelques palpitations. Elle en imposait avec ce filet argenté qui lui servait de string, et de sa plastique impressionnante, de sa poitrine et de sa taille, je ne pouvais me rassasier. Dans cette phase d'attente où chacun, désœuvré, ne cessait de peaufiner sa partie, retouche de fard, changement d'optique, essais lumière... un différend éclata entre le photographe fort réputé et le coiffeur qui devait l'être tout autant. Une modification de détail dans le capillaire, un coup de peigne malheureux, le déplacement subtil d'une épingle, un nuage de laque, une mèche peut-être, mit le feu aux poudres. Le coiffeur, qui brandissait sa brosse comme d'autres une rapière, était furieux. Il grondait et il assena entre deux sandwichs raflés sur la table du *catering* « que, dans ces conditions, il refusait de signer la coiffure ». On rigole, mais ce n'était pas drôle du tout. Il était furibard et peut-être avait-il raison d'exiger que son travail en quelque sorte « au poil » soit respecté. Avec une certaine grandeur, il arracha de son tee-shirt la série de pinces à couette qui le chamarraient, et l'on aurait pu se croire spectateur de la dégradation du capitaine Dreyfus. Par chance, l'arrivée du footballeur, avec sa masse de cheveux éclaboussée de dreadlocks, détendit l'atmosphère et ramena un semblant de calme sous les *sunlights*, exigeant de notre furieux merlan une action concertée, rapide et régénératrice.

L'univers des mannequins bruissait d'affrontements, de coups bas, de règlements de compte, mais également de douceur et de solidarité. Les fréquenter offrait toujours des compensations, mais cela exigeait une attention soutenue car la beauté ne se contemple pas sans efforts, et si Venise est une ville épuisante, c'est que justement tout, absolument tout, y est merveille et émerveille. Et je pourrais en dire autant de ces mannequins que je croisais avec une régularité manichéenne, m'interdisant de baguenauder, le regard éternellement captif de leurs charmes dévoilés.

J'avais rejoint dans les environs de Bologne le top model Inès Sastre sur le lieu de tournage d'un film en costumes où elle interprétait un rôle de princesse amourachée d'un nobliau frappé par la disgrâce. Je devais en faire l'héroïne d'un reportage « people-cinéma » saisi sur le vif, *in situ*. Comme j'étais pris par l'écriture d'un livre plus que par toute autre chose, je lui en fis part dès mon arrivée. Les interminables prises de vue ne m'intéressaient pas, alors, si avec son aide, je pouvais me caler dans un coin pour écrire, ce serait parfait. Elle m'ouvrit en grand la porte de sa roulotte et, tandis qu'elle répétait ou s'activait sur le plateau de tournage, je m'expliquais dans son refuge avec le clavier de mon ordinateur. Entre deux prises, quand elle revenait pour se changer, je me tournais fort civilement vers le mur, mais bientôt l'espace exigu imposa sa loi et chacun fit ce qu'il avait à faire sans trop se soucier des convenances. Étais-je dans mon rôle ? Et quel était-il ? Il me semble que là encore j'usurpais une position qui eût dû

En compagnie d'Agnès b., dans une cuisine à Moscou à la fin des années 80. Pour les pages « Magazine », nous avions monté ce reportage où la créatrice de mode nous guidait dans les rues de la capitale bousculée par la perestroïka. La désolation générale, la rudesse des rapports humains, mais aussi leur chaleur, nous avaient rapprochés, au point qu'Agnès b. et moi-même nous étions très vite accommodés du style soviétique, où le vide des magasins libérait de l'angoisse du shopping.

revenir à d'autres. Je m'étais égaré parmi toutes ces femmes et je me découvrais de plus en plus d'affinités avec les Casanova d'opérette, barbotant à ma manière dans des harems et jouant la comédie du blasé de service, du repu quotidien. Car, tout de même, ce n'était pas rien que de côtoyer les plus belles femmes du monde. Et je m'y sentais à l'aise, quêtant dans les tranchées de la mode et les coulisses de grand spectacle des accointances avec le sol rude et décrépit de tous mes reportages.

Cette place qui m'était assignée, je la retrouvais quand, arpentant les contrées secouées de l'Europe de l'Est, j'endossais ma défroque de journaliste de terrain. Dans le désastre industriel, dans les demi-jours d'hôtel, je soufflais un peu. Cette oscillation entre l'épiderme alléchant des mannequins et le papier peint à fleurs moisi d'une auberge à Shkodra en Albanie ou à Tilcara en Argentine me comblait. La beauté d'un monde enjolivait la noirceur de l'autre, et les seins et les cuisses des sirènes des plateaux, leurs charmes exhibés devant des cyclos de studio photo illuminaient le sordide, érotisaient la misère. Concrétion de ces deux mondes opposés, je rapportai de Moscou, au creux des années Eltsine, une feuille de chou mal imprimée. Baptisé *EuE*, autrement dit « encore », ce torchon annonçait la couleur puisque des jambes de femmes gainées de bas jusqu'aux cuisses et lancées vers le ciel formaient les trois lettres cyrilliques de son titre qui, de loin comme de près, s'avérait être une copie plutôt réussie de notre bon vieux ELLE, marque déposée. Comme, au retour, je présentais ce piratage à Jean Demachy, notre directeur, il s'exclama : « On va leur faire un procès. » Je lui souhaitais bien du courage vu la situation désastreuse de l'Union soviétique, même badigeonnée sous la gouverne d'un président alcoolique en fédération de Russie. Le pays tout entier titubait. Alors, le procès ! Non, la contemplation des corps de femmes n'ouvrait à nulle compensation, pas plus qu'à la moindre décompensation. Il fallait cheminer d'un même pas au ras des prosceniums et dans la trivialité d'un monde aux amortisseurs éreintés, humer la sueur sucrée des assistantes et celle plus aigre des mollahs de Qom ou l'affriolante amertume du beurre de karité rance graissant les chevelures des Africaines sur les marchés sahéliens. Les faits sans pitié nous martelaient. Qui en prenait plein la vue en prenait pour son grade et quelquefois aussi plein les narines.

Pour mon quarantième anniversaire, je décidai de mettre le paquet. Je réunis les musiciens avec lesquels je jouais de temps à autre, un bassiste professeur de mécanique, un guitariste, plutôt doué mais mal dans sa peau et qui finirait par me virer dès que le batteur, l'âme du groupe, aurait le dos tourné, moi-même enfin, saxophoniste et guitariste approximatif. Nous installâmes une sono dans le loft que mon frère habitait dans le faubourg Saint-Antoine et j'invitai une bonne partie de la rédaction du journal. Je n'en menais pas large. L'intrusion de la quasi-totalité de l'équipe rédactionnelle du ELLE dans mon intimité m'occasionnait des palpitations. Je devais me forcer pour être *show off* et accepter de mélanger le professionnel à mes proches et amis. En ce jour mémorable, je reçus comme présent mon premier téléphone portable, un Bi-Bop, ovni technologique qui permettait de passer des appels sous des bornes réparties dans Paris, mais point d'en recevoir. Au terme d'une longue nuit, nous n'étions plus qu'une poignée à demeurer sur place, tous écroulés sur des canapés. Parmi nous se tenait une figure notable d'un salon de coiffure de la rue de Sèvres, dont nous étions quelques-uns à fréquenter le fauteuil. Hâbleur, il nous entretenait d'une théorie selon laquelle il apparaissait que nous étions tous plus ou moins des dissimulateurs. Je l'écoutais quand soudain je pris conscience que celui-là même qui nous faisait la leçon était le seul à porter une moustache. Qui donc se dissimulait? Il était venu à cette soirée en compagnie d'une assistante, petite bombe brune que j'avais croisée plus d'une fois entre shampooings et coupes et, dans la ferveur de cette nuit interminable, nos esprits se télescopèrent et j'eus bientôt, avec elle, une affaire. Elle fut courte mais comme cette femme était explosive, elle l'illumina. Des décennies plus tard, comme je remontais à pied le boulevard Raspail, à la hauteur de la Fondation Cartier, j'entendis piler un 4 × 4. Je tournai la tête pour voir la fenêtre avant droite de la berline allemande glisser en souplesse, le visage de cette bombe s'y encadrer, et de sa voix propulsée elle me lança cette phrase que je ne prononcerai sans doute jamais : « Passe me voir : j'ouvre un salon. »

Homme parmi les femmes, je mettais cette différence à profit pour mieux conserver mes distances. Les heures de présence au bureau, les déjeuners à la cantine de l'entreprise, la sororité des confessionnaux où l'on s'épanche, tout cela je l'ignorais. Je n'étais pas fait pour tisser des liens entre collègues, trop indépendant, trouillard peut-être, craignant de rater ce qui se déroulait au-dehors, en simultané. Fourmis dans les jambes, exaspération, impatience… Tout me poussait à courir voir ce qui s'agitait hors les murs. Aussi, quand Laurence de Cambronne, alors cheffe des infos du magazine, me héla, j'interrompis ma course dans le couloir, sans savoir qu'en ce début de soirée mon existence allait prendre feu. Une femme mûre se tenait devant son bureau, flanquée d'une jeune fille blonde, silencieuse et renversante. Reconnaître qu'elle me tapa dans l'œil est un euphémisme, et quand Laurence me demanda s'il ne me fallait pas une stagiaire, moi qui vraiment n'en avais nul besoin, qui ne voulais surtout pas m'encombrer de qui que ce soit, qui n'avais en rien la fibre pédagogique, qui n'aspirais pas à transmettre un savoir professionnel que je fortifiais chaque jour, je m'entendis répondre : « Mais bien sûr que oui. » Et c'est ainsi que je rencontrai Alexandra Senes, avec qui j'allais passer plusieurs années. Avertie du fait que j'évoquerais dans ces pages notre relation nouée dans la demi-obscurité d'un bureau éclairé électrique, Alex m'a rappelé qu'elle s'était présentée à moi d'une manière convaincante. Comme je venais de l'adouber stagiaire, elle s'approcha et, me livrant son nom de famille, « Senes », elle ajouta : « À l'envers comme à l'endroit. » C'était cru pour une fille de 19 ans. Il est vrai que son nom est un palindrome, ce qui déjà est exceptionnel, qu'il signifie encore « vieux », ce que démentait la plastique de l'intéressée, mais de le concevoir comme une clef ouvrant toutes les portes, c'était narcotique. Bref, je fus conquis. Durant les mois où nous fûmes censés former une équipe, moi en tour leader, elle en touriste, en apprentie, en junior, nous nous croisâmes pourtant fort peu. Je continuais à cavaler et peut-être même à fuir, non pas elle mais ce qu'elle signifiait pour moi d'obligation morale, de soutien scolaire en somme, car elle était jeune et très inexpérimentée sur le chapitre du rédactionnel. Pour le reste, nous apprîmes ensemble pas mal de choses. Or donc, j'eus beau m'échapper, elle me rattrapa. S'ensuivirent quelques années trépidantes, car nous étions jumeaux dans nos désirs de voyage et de conquête. Une même folie nous traversait et si je retrouvais l'appartement pavoisé quand je rentrais de reportage, des banderoles célébrant mon retour ornant le couloir, le salon et la chambre, je découvrais aussi que, durant mon absence, elle avait organisé des fêtes infernales et que, suite aux plaintes réitérées du voisinage, elle avait dû négocier avec la police débarquée sur les lieux, calmer ses invités, et surtout embrouiller la maréchaussée de ses sourires torrides. En somme, on ne s'ennuyait pas. Cela dura jusqu'à ce jour où, comme j'étais allé visiter un appartement à acheter rue Meslay, non loin de la place de la République, je retrouvai, au retour, mon appartement d'alors déserté. En mon absence, Alexandra s'était fait la malle, aux sens propre et figuré. Ses vêtements envolés, un mot griffonné abandonné sur une chaise, et l'atroce silence, par ses soins, répandu. Ce fut une mauvaise passe.

Je n'avais pas vu venir le coup et je ne pouvais que m'en prendre à moi-même. Je vivais alors dans une sorte d'euphorie. Nous étions en mars 1992 et je rentrais de Miami. La cité de Floride était sur le point de se muer en spot de shootings de mode et l'on croisait le long d'Ocean Drive quantité d'équipes de jeunes types en short, tee-shirt et tongs, tous arrimés à leurs appareils photo, Balcars et réflecteurs, secondés d'une escadrille d'assistants, gardes du corps, maquilleuses et chauffeurs de tout poil. Des brassées de mannequins parsemaient la plage de leurs déshabillés et je regardais avec une fascination gourmande les régisseurs se ronger les ongles à la vue du seul, unique et minuscule nuage qui risquerait de leur faire perdre trois minutes d'agitation. L'explosion touristique n'était encore qu'une hypothèse et le spectacle d'un Afro-Américain bodybuildé, soulevant des haltères et lancé sur des patins à roulettes, surprenait encore. La ville m'avait tellement enchanté que je m'étais demandé s'il n'y aurait pas une bonne combine pour que je puisse m'y installer. Au retour, je n'avais rien vu de l'angoisse dans laquelle Alexandra se mouvait, elle qui désirait reprendre sa liberté quand je la pressais de faire avec moi un enfant. En avril, je repartis à Los Angeles et là, tout dévissa. Désireux de voir enfin les Watts Towers, j'avais loué une voiture pour me rendre dans le quartier déshérité de South Central. Rétrospectivement, j'en ai des suées glacées, car c'est le lendemain même de cette balade qu'à la suite du jugement inique absolvant les policiers qui avaient tabassé Rodney King L.A. se transforma en un gigantesque pandémonium, que des chauffeurs de camion blancs furent lynchés par des gangs à des carrefours, que les émeutes enflammèrent les relations entre Hispaniques et Coréens, que des coups de feu retentirent des heures durant. À vingt-quatre heures près, je m'y serais trouvé, moi aussi, petit Blanc perdu dans le cœur du réacteur. Bref, la violence déborda, traversa l'Atlantique, pourrit l'atmosphère et Alex, qui s'était rendue elle aussi dans la mégalopole californienne, me quitta.

Ce fut une période sombre. Le matin j'allais parfois chez Michèle Fitoussi, ma partenaire de rubrique et de cœur. Oubliés, les calepins, les notes et les coups de fil, je sonnais, j'entrais, je m'asseyais à sa table dans sa petite cuisine et là, dans la lumière grise de ce début de journée, je pleurais. Je crois bien qu'il arriva que Michèle m'accompagne et que nous pleurions ensemble. Elle devait avoir, elle aussi, de bonnes raisons.

C'est dans cet appartement que Michèle Fitoussi connut l'une de ses plus grandes frayeurs. Tout avait démarré dans la plus parfaite atonie d'un jour sans bouclage. Les journalistes présentes peaufinaient leur papier, lisaient la presse ou consultaient leurs mails quand Michèle, qui s'était installée derrière un bureau voisin du mien, raccrocha brutalement le combiné d'un téléphone et je l'entendis dire, affolée, « Y'a le feu chez moi » et déjà elle franchissait la porte et cavalait dans le couloir vers la batterie d'ascenseurs. Deux heures plus tard, comme je quittais le paquebot de Levallois-Perret, je me décidai à effectuer un très léger détour pour jeter un œil à son immeuble. Peut-être le verrais-je achevant de se consumer ? L'heure était encore à la plaisanterie. Je ne savais rien de l'incendie et je penchais plutôt pour l'incident, une alerte sans suite, un bon coup d'adrénaline. J'avais tort. En arrivant au coin de sa rue dans le 14e arrondissement, je vis d'abord une forte concentration de véhicules écarlates. Camions-citernes, estafettes, motopompes, autour desquels s'agitaient une escouade de pompiers, bloquaient l'artère. Je garai ma BMW dans un recoin – à l'époque, stationner sur le trottoir était un privilège dont nous, les copains motards, usions avec enthousiasme – et, suivant les tuyaux que j'évitai soigneusement de piétiner, j'entrai dans l'immeuble. Je traversai la cour, croisai et doublai des gaillards en veste de cuir et casqués et j'attaquai les trois étages de la partie arrière de l'immeuble.

La porte de son appartement était largement ouverte pour laisser passer les tuyaux. Je pénétrai dans le couloir. Un boyau de mine. Tout y avait l'aspect du goudron. L'air empestait, la fumée rongeait les plafonds, le sol était détrempé. C'était dantesque. Michèle me raconta le court-circuit, la machine à laver le linge qui prend feu et embrase la moquette, la fumée qui envahit le couloir et la femme de ménage, présente sur les lieux, qui se précipite à l'étage du duplex pour en arracher le fils endormi. Une fois les pompiers partis, Brigitte, la sœur de Michèle, était arrivée, puis sa mère, et celle-ci s'était assise au milieu des débris pour fondre en larmes. Alors, oubliant leurs propres tracas, ses deux filles s'étaient attelées à la réconforter. Enfin, elle cessa de hoqueter, sécha ses larmes, soupira un bon coup et, regardant Michèle, elle eut ce mot d'anthologie : « Enfin, cette année… tu seras à la mode. » Et, de fait, elle eut raison puisque ma consœur, n'ayant plus rien à se mettre, dut regarnir ses penderies qui béaient dans les décombres, affligeantes ruines domestiques dans lesquelles son enfant avait failli périr. Dans un mouvement d'altruisme, je passai à l'action. J'appelai quelques-unes de nos relations qui, depuis leur bureau de presse, nous arrosaient toute l'année de présents mirifiques : chaussures, parfums et sous-vêtements. « Elle n'a plus rien, disais-je. Alors, pour une fois, lui envoyer des culottes et des soutiens-gorge, cela se justifierait. » Je n'eus pas à le répéter, l'élan de solidarité fut immédiat, seul hic, on me demanda de préciser pour commencer la taille de bonnet de la malheureuse. C'était gênant. J'avais beau tendre les mains vers l'avant et m'imaginer lui enserrant les seins pour me faire une idée, je n'en avais aucune !

À cet appartement dévasté par les flammes fait écho un épisode absurde et luciférien. Afin de confirmer un rendez-vous fixé à Berlin avec Wim Wenders, j'appelai les bureaux du cinéaste. J'étais à Turin et je devais prendre un avion le lendemain pour le rejoindre au vénérable café Einstein. Pour je ne sais quelle raison, comme je me présentais, en anglais, je dis très distinctement « *I am a journalist. I work for ELLE magazine* », mais, influencé peut-être par l'accent germanique de mon interlocuteur, je plaçai un H au fort mauvais endroit et j'entendis mon correspondant, visiblement perturbé, me dire : « *HELL Magazine? No, Mr. Wenders does not have any meeting with such a magazine…* » Ce quiproquo nous avait enchantés, Alexandra et moi, et d'ailleurs je trouvais qu'il éclairait le magazine ELLE d'un fumet méphistophélique électrisant. Par la suite, Alexandra connut à son tour un épisode du même genre. Elle dirigeait alors la rédaction du magazine *Jalouse* et, bien qu'ayant vécu des années à New York et parlant un excellent anglais, elle avait toujours du mal à prononcer correctement le titre de son mensuel outre-Atlantique. Elle ne savait jamais où mettre l'accent, Jalooose, Jêlous, Jalouzz ? Si bien qu'à son tour, comme elle se présentait, son interlocuteur lui demanda, visiblement très surpris de découvrir une aussi jolie fille employée par un tel sulfureux support de presse : « *So you really work for* Jail

Philippe Trétiack

House ? » Lors d'un reportage sur l'IRA, j'avais découvert que seuls les prisonniers politiques ayant du sang sur les mains, les militants purs et durs condamnés lourdement par la justice britannique, avaient le temps d'apprendre à parler le gaélique, si bien que le *gael-talk* s'était vu par eux-mêmes rebaptiser *jail-talk*.

Qui étions-nous, nous autres journalistes ? Je me le demande aujourd'hui, essayant de retrouver et la fougue et l'innocence qui nous animaient alors. Ce qui est certain, c'est que nous prenions de l'âge, grandissions et, signe qui ne trompe pas, nous cherchions presque toutes et tous des appartements à louer, et de plus en plus souvent à acquérir, en épluchant les pages du *Figaro*. L'édition du mardi regorgeait de petites annonces immobilières, et s'il est devenu quasi impossible pour un primo-accédant, comme on le dit désormais dans ce langage désincarné de l'économie sociale, de se loger à Paris, ce n'était pas plus une sinécure hier. L'ordinaire des visites voulait qu'on patiente dans un escalier sordide, soumis au bon vouloir d'un agent immobilier lui-même excédé par sa course infernale d'un taudis à l'autre. Les postulants en quête d'un logis garnissaient les marches et les paliers d'étage et nous étions parfois une cinquantaine à nous bousculer du porche au grenier, si bien qu'il fallait arriver de plus en plus tôt pour espérer décrocher la location de ce qui s'avérait souvent n'être qu'une soupente moisie. En traînant dans la grande salle de la rédaction du magazine, il suffisait de se pencher sur les tables pour découvrir que l'une cherchait un deux-pièces dans le 12ᵉ arrondissement quand l'autre optait pour la banlieue. La coloc n'était pas encore tendance et chacun jouait sa partition en solo, quittant le journal en douce pour tenter sa chance dans quelque recoin de la ville. Il me vint l'idée stupide d'entourer au feutre rouge quelques annonces mirobolantes dans le dos des propriétaires de ces feuilles étalées sur les bureaux. De sorte que celle ou celui qui passait par là, sans vraiment le vouloir, ne résistait pas au désir de jeter un coup d'œil sur les quêtes en cours de l'une ou l'autre, et quelle n'était pas sa stupéfaction de découvrir qu'une pigiste de 22 ans portait son dévolu sur un six-pièces de l'avenue de Breteuil quand une secrétaire qui envisageait de déménager dans l'île Saint-Louis privilégiait manifestement les appartements plein sud avec terrasse. Par ce jeu d'écriture absurde se muaient en pitreries des rêves inaccessibles, car ce n'étaient pas nos salaires de journalistes qui pourraient nous débloquer les portes des paradis embourgeoisés. Des années plus tard, l'écrivaine Héléna Villovitch, qui collaborait au magazine, signa aux Éditions de l'Olivier un livre de nouvelles qui toutes portaient sur la douleur née de la catastrophe économique qui nous frappait. Le chômage et la précarité déstructuraient le quotidien. Quand l'un des membres d'un couple, privé de son emploi, ne pouvait plus payer sa quote-part de loyer, il fallait alors rendre les clefs et chacun repartait de son côté. La crise avait raison des sentiments.

Par chance, encarté dans une entreprise solide, j'étais épargné par les à-coups de l'existence, à l'abri de toute infortune. Je pouvais me concentrer sur des choses futiles. Croisant dans le couloir la directrice de la rédaction, Anne-Marie Périer, celle-ci m'avait lâché : « Toi, on voit que tu ne t'habilles pas dans le noir. » Et c'était vrai. J'aimais les harmonies de couleurs et j'accordais une assez grande importance au contenu de mes placards. Une de mes consœurs, homosexuelle un brin masculine, m'avait un jour qualifié de « dandy coquet » et c'était suffisamment ridicule pour que j'en adopte la définition. Et pourtant, quand je jette à rebours un œil sur quelques photographies de ces années enfuies, je me trouve attifé comme l'as de pique. Certes, les sensibilités évoluent, les corps changent comme les regards et les modes, mais je suis stupéfait par mon vestiaire. Dans un « spécial homme » pour lequel les rares figures mâles de la rédaction furent embauchées comme mannequins, Santiago, le maquettiste en chef, porte beau, comme Yves Goube, notre directeur artistique, très laine et mohair, ou bien encore Jean-Dominique Bauby, au stylisme aussi confortable que le fauteuil Chesterfield dans lequel il repose. Je figure, moi, assis sur une chaise, vêtu d'une chemise à carreaux, d'un gilet du même métal et d'un pantalon moule-couilles parfaitement déplacé. Le plus extraordinaire, c'est que cela devait plaire ! Mes consœurs éprouvent probablement la même nausée devant l'accoutrement qui fut le leur en ces années évaporées. Elles ont tort évidemment puisque, soumises à l'insidieuse dictature molle de la *fashion police* qui régnait en nos murs, elles devaient avoir été adoubées dans leurs atours dûment validés. À défaut, la critique se faisait sévère et la faute de goût suscitait des commentaires. Bien entendu, et rompues au paradoxe de ce milieu *exclusive*, les responsables des pages mode, nos rédactrices chevronnées, arboraient des tenues passe-partout de bonne sœur en goguette. Pour survivre parmi les falbalas, il fallait assurément la jouer discrète. Jean et pull bleu marine, charbonneux écrase-merde, évocation de maquillage, c'était déjà trop. La piétaille des journalistes, celles et ceux qui n'avaient pas leur mot à dire sur le choix des collections mises en page, suivait la mode comme elle le pouvait et il me revient qu'une responsable de l'éditing, avec qui je quittais le journal pour aller déjeuner, voyant que je lorgnais vers ses très jolies chaussures, m'avoua, pleine de honte : « Oui je sais, ça fait vraiment l'année dernière. »

Au temps de sa splendeur, quand l'hebdomadaire se vendait par centaines de milliers d'exemplaires, l'élégance exigeait de ses employés un minimum de désinvolture. Tout cela n'était pas sérieux. La mode, les jolies femmes, les défilés, les bons magiques promotionnels, la publicité qui envahissait le magazine, c'était pour rire. La France s'amusait. Certes, ces métiers qui nous faisaient vivre et qui, de près ou de loin, touchaient à la fanfreluche, au prêt-à-porter et, plus encore, à l'univers des cosmétiques représentaient des sources d'emplois considérables, mais, à l'époque, du chômage on se moquait. La crise du pétrole des années 70 avait pourtant démontré à tout un chacun que le précipice se tient toujours au ras des voies panoramiques, mais cela ne nuisait en rien à notre amour de la conduite sport. Frimer dans des décapotables sur la Croisette à Cannes, une main nonchalamment pendue à l'extérieur, le long de la portière, au risque de se faire tirer sa Rolex, faisait partie de l'ordinaire. D'ailleurs nul ne cédait encore à la folie des accessoires. Cela vint plus tard, quand les marques s'aperçurent que s'il était rentable de vendre des parfums, il en irait de même avec ce qui ne nécessitait ni taille, ni réassort saisonnier, bref, ce fut alors l'essor des lunettes et des montres siglées Dior, Dolce & Gabbana, Tom Ford et compagnie.

Sur un coin de meuble, ma mère a conservé longtemps une photo que je lui avais offerte au retour d'un reportage à Miami. Je suis assis sur une chaise dans un jardin face à l'acteur Roger Hanin, que j'interviewe. Je l'avais retrouvé sur le set du tournage du *Grand Pardon 2*, qu'Alexandre Arcady réalisait en Floride, et comme la température devait flirter avec 30 degrés, sans doute humides, nous sommes l'un et l'autre en short. C'est osé, très local et suffisamment kitsch pour que ce cliché soit entré dans le panthéon de mes souvenirs héroïques. Il faut dire qu'en dépit de tous les bouleversements que la mode a connus au fil des trente années que j'ai passées au ELLE – car c'est ainsi qu'on le disait en interne, « au » et non « à » ELLE – le port du

En 1991 avec Roger Hanin à Miami, sur le tournage du *Grand Pardon 2* d'Alexandre Arcady. Miami était alors l'eldorado des shootings de mode et de fiction. Je porte ici un gilet de photographe multipoche – ce qui est assez ridicule, mais à l'époque, en sus du texte que je signais, je prenais souvent les photos de mes propres articles. On appréciera le sérieux professionnel que même un short – importable dans les bureaux de la rédaction mais acceptable par 30°C – n'arrive pas à écorner.

short est demeuré tabou. Les poils aux pattes des hommes, quelquefois leurs mollets disgracieux, dérive que la mode de la bicyclette ne fera qu'accuser, leur imposent encore et toujours l'usage du pantalon. Ce ne sont pas les quelques kilts signés par Jean-Paul Gaultier et autres stylistes débordant d'audace rebelle qui ont pu changer cette norme. Seul mon ami et collègue Didier Blau, numérologue de son état, a osé se pointer au magazine en « cuissettes » comme on le dit au sud de la Loire. Et je lui tire mon chapeau. Il est vrai que son physique ascétique, ses cannes de randonneur et sa nonchalance hors du temps le préservaient de tout sarcasme. Il n'empêche, il fit preuve ce jour-là d'un courage qui, en des temps anciens, quand les saints erraient en guenilles, lui eût valu notoriété. Certes, l'actuelle passion pour le tatouage bouleverse la donne. Puisqu'il faut bien exhiber ses papillons, ses bigarrures maories, ses sourates et ses angelots, la chemisette et le bermuda font un retour en force. Avec le marcel de nos grands-pères, ils signent l'apogée d'un exhibitionnisme d'une génération de rebelles dérisoires, tous clonés les uns des autres, faits au moule et mondialement. Porté aux nues par des myriades de mollets graphiques, le short, désormais, a de l'avenir.

L'élégance tant physique que morale dont pouvaient se targuer notre directeur et, plus encore, Anne-Marie Périer qui lui succéda aux commandes du magazine, ce brio dans la parure qu'une poignée de rédactrices portaient au pinacle, le personnel du magazine ne l'affichait pas toujours. Il fallait, pour tenir son rang dans l'enchaînement des saisons et des collections, de l'audace, de l'argent, des passe-droits et beaucoup de privilèges dont la grande majorité d'entre nous était exclue. On s'habillait, certes, mais sans trop s'inquiéter des diktats de l'étiquette. Fort peu avertie de ce qui s'enseigne dans les écoles de commerce et les filières de l'hôtellerie, à l'opposé des standards de l'accueil à l'américaine « *thanks for calling United* », Dany, l'une de nos secrétaires, ne s'embarrassait jamais de formules ampoulées. À une lectrice qui par téléphone révélait son projet d'écrire à la rédaction je ne sais quelle lettre d'encouragement ou de protestation, elle avait rétorqué, pugnace : « Vous pourrez toujours écrire, ce sera direct poubelle. » Dans une période où le recrutement des abonnées s'apparentait à un chemin de croix, c'était du lourd. À la différence des pigistes et des reporters, les petites mains des secrétariats, personnels que l'informatique et plus encore le télétravail allaient éradiquer de nos zones de labeur, affichaient souvent une notable surcharge pondérale. En clair, elles étaient presque toutes obèses. Je mesure en notant cela ce que la bienséance d'aujourd'hui voudrait que je taise, mais il n'empêche, l'écart entre les journalistes à la silhouette, a minima, passe-partout et le personnel d'assistance aux chairs généreuses ne manquait pas d'interroger. Un casting secret présidait-il à cette répartition volumétrique qui rendait visibles de manière outrancière les différences de classes et d'extractions sociales ? Arrimées à leur siège à roulettes, ces femmes régentaient leur espace et c'était un bonheur de les retrouver chaque jour, car elles veillaient sur nous sans paraître souffrir de la condition qui les rivait à leur bureau quand, tout autour d'elles, l'armada des reporters virevoltait d'un aérodrome l'autre, rapportant de Thaïlande, du Mexique ou des îles Vierges des passeports bariolés de tampons exhibés comme autant de médailles gagnées au champ d'honneur. L'une d'elles qui se mouvait avec difficulté jouait les batelières dans un repli de la Seine. Qu'elle ait dû fuir sa péniche à la suite d'un dégât des eaux paraissait naturel, comme si, par son physique extravagant, elle avait attiré sur elle une absurde catastrophe.

Quelques exceptions toutefois confirmaient cette règle des poids et mesures qui semblait régenter la stratification des personnels. L'une de ces assistantes était minuscule. Fragile, cassante telle une brindille, elle avait débarqué de sa Bretagne natale gare Montparnasse dans le but affirmé d'entamer une psychanalyse. À voir combien la ville lui semblait étrangère, on mesurait le gigantisme du saut qui l'avait extirpée de son bocage pour la jeter sur le bitume parisien. Elle paraissait alunie, ahurie, elle était désarmante. Où donc avait-elle entendu parler de Jacques Lacan ? Où donc avait-elle puisé l'énergie qui l'avait arrachée à sa terre familiale pour gagner le droit de s'allonger sur un divan ? J'admirais sa capacité à combattre ce que le hasard de sa naissance lui avait imposé. Et m'impressionnait plus encore l'immolation d'une bonne partie de son salaire dans cette introspection vacillante. Ce qu'elle gagnait jour après jour dans la cacophonie de nos salles de rédaction, elle s'en servait pour financer une cure où Freud, bousculant des menhirs, mettait soudain au jour un inconscient jusqu'alors dissimulé sous une coiffe bigoudène. L'investissement de cette assistante dans une quête au long cours me paraissait surréel quand, au quotidien, elle ne devait satisfaire que des exigences narcissiques, taper des interviews de créatures essentiellement préoccupées par la nécessité d'être un peu plus irrésistibles. C'était cela aussi, le magazine ELLE, une épaisseur psychologique épandue dans nos couloirs, abritée derrière des portants et des cintres, dissimulée sous des tombereaux de caprices. Quand une star traversait nos locaux, quand elle s'arrêtait, nonchalante, devant le bureau de cette assistante si secrètement préoccupée d'elle-même, je trouvais soudain à cette dernière une grandeur que la célébrité de passage ne possédait en rien, car dévouée et fine, et bien qu'elle mesurât, évidemment, l'écart que l'existence avait creusé entre elle et l'autre, notre assistante demeurait riche d'une complexité qui la rendait impénétrable. Tandis que l'actrice se dévoilait, notre Bécassine, invisible et cérébrale, gagnait en carrure et en humanité. Me revenait alors cette formule de La Bruyère : « Ce que j'envie chez les gens riches, ce n'est pas leur opulence, mais d'avoir à leur service des gens qui leur sont supérieurs. »

Une rédaction se compose d'individualités que la routine tend à fondre en une seule entité soudée, un groupe où les aspérités lissées deviennent au mieux des caractéristiques pittoresques : la bosseuse, la nymphomane, la botoxée, le râleur... La grande douleur du salariat, cette servitude consentie, se mesure alors à l'aune de cet effacement progressif des complexités de chacun. La mutualisation des forces exige de la simplicité. Lors des séances hebdomadaires où nous devions nous réunir pour tenir notre fameuse conférence de rédaction, nous prenions place, assis côte à côte, dans un simulacre d'égalité que tempérait tout de même le fait que nos chefs demeuraient derrière un bureau. J'avais horreur de ces messes et je tentais par tous les moyens de les fuir, mais cela faisait mauvais genre. Aussi devais-je comme tout employé m'infliger la purge d'un brainstorming matinal. Si la réunion était conduite avec un peu d'enthousiasme et de professionnalisme, ce qui se faisait rare, il se pouvait que la sauce prenne, que des idées fusent, que des points de vue s'échangent, que ces deux heures passées en commun finissent par remplir leur rôle de veille sociétale. L'aiguillon du plaisir dopait alors notre conclave. Nous étions heureux d'exercer notre métier de journaliste car la planète nous semblait offerte en sa totalité, et de nous mettre en branle nous suffirait pour en gagner les profondeurs et les rives. Dans ces moments de grâce, nous en apprenions beaucoup sur le monde en général vu que chacune courait après ses lubies, et quand l'une bataillait pour que l'on se positionnât sur les vols de cartables à la sortie des écoles communales, l'autre défendait mordicus l'obligation de parler, sous huitaine, de cette hystérie qui poussait les bobos à s'adonner au tango de salon et à la *country dance* de saloon. Dans ces assemblées, les pigistes jouaient un rôle capital, car, dans l'obligation de placer des sujets pour survivre, ils ou elles multipliaient les propositions d'articles, et nous qui n'en extrayions de notre besace qu'une ou deux, et encore pesamment, nous leur savions gré de tenir le crachoir. Hélas, avoir de bonnes intuitions ne confère pas le don de l'oralité. Certaines cumulaient l'originalité d'une pensée avec des comportements qui les fusillaient d'entrée. L'une en particulier, rondouillarde, vaguement souffreteuse et coiffée Playmobil, hésitait sur chaque mot et c'était un spectacle fascinant que de la voir s'emmêler les pinceaux. Ainsi, lors d'une de ces conférences hebdomadaires, et tandis que chacune des participantes déjà se levait, ravie d'en avoir fini et pressée de filer à un déjeuner programmé en ville, elle avait murmuré « J'avais pensé à... 15 sujets », ce qui était proprement éreintant et même fabuleux. Je le rappelle, en proposer un ou deux tenait déjà de la performance... Alors 15 ! Et, toujours vacillante, elle avait eu cette formulation accablante : « Voilà, le premier... euh, *Libération* n'en a pas voulu… », ce qui déclencha tout de même un éclat de rire général. Pouvait-on se vendre plus mal ? Mais le chaos de sa personnalité finissait par séduire car elle était douée et repartait toujours avec une ou deux commandes. Lestée et satisfaite, elle errait ensuite dans le couloir comme à la recherche d'une veste ou d'un manteau qu'elle aurait laissé au vestiaire et dont elle aurait égaré le ticket. À sa manière elle donnait une assez fidèle image de ce que nous étions, une congrégation d'ahuris oscillant entre enthousiasme et dépression, avides d'aventures mais saturés par l'éternel retour du même, Sisyphe, éditoriaux, jetant dans la gueule des rotatives un charbon d'encre muté en chroniques, en articles et reportages, tous destinés à composer un magazine qui, vite feuilleté et vite lu, serait dégagé par son clone, et cela chaque semaine jusqu'à la catastrophe. Si l'on multiplie 30 années passées au ELLE par 40 pour obtenir le nombre de conférences de rédaction auxquelles je dus participer comme toutes mes consœurs, on mesure l'Himalaya d'échanges, de propos, d'hypothèses et d'espérances que ces milliers d'heures égrenées en commun ont suscité. J'en porte aujourd'hui la nostalgie, et si je ferme les yeux pour mieux réentendre la voix de celles qui bataillèrent chaque semaine pour leurs idées, l'émotion m'étreint. Il en fallait tout de même, de la volonté et de l'acharnement, pour désirer sans relâche ni lassitude rendre compte de ce qui se tramait autour de nous, pour saisir ce monde qui grondait, se cabrait, mais débordait aussi, parfois, d'amour.

Et pourtant, oui, à rebours, mes années passées au cœur de ce magazine féminin m'apparaissent aujourd'hui comme une longue entreprise de dissimulation. De ce monde de femmes je ne pouvais qu'être en marge, mais cette position me seyait. Je m'y trouvais installé confortablement, n'avouant mes véritables centres d'intérêt que lorsque l'occasion s'en présentait, de préférence à des interlocutrices choisies, évitant le plus possible la foire d'empoigne des confs de rédac. Les décisions s'y prenaient par surprise, la stratégie faisait office de pièces à conviction. Il fallait s'imposer, savoir jouer des interruptions successives qui, pour être savoureuses, n'en étaient pas moins des croche-pattes et des swings balancés sous la ceinture. Pour avoir milité à l'extrême gauche, j'avais gardé de cette brève période quelques notions d'activisme. Ainsi, je savais qu'il fallait toujours quitter une réunion en dernier car c'était entre deux portes que se prenaient les décisions qui comptent, mais cette évidence se heurtait à ma fébrilité, à mon hyperactivité, à mon désir de fuir toujours et d'échapper au collectif. Assurément, je ne devais pas être le seul à rêvasser parfois, à penser à autre chose, bref, à perdre le fil de la discussion générale, surtout quand celle-ci s'enlisait, s'embourbait dans une polémique ménagère ou le panégyrique de quelque star dont j'ignorais tout. Alors je me laissais aller à des facéties. Une journaliste assez fantasque, reconvertie depuis dans les médecines douces, les plantes et les mantras, m'avait raconté que, pour divorcer, elle avait dû prendre un train en compagnie de celui qui était encore, pour quelques heures, son époux et que, pour des raisons d'économie, tous les deux avaient utilisé leur carte « couple ». J'appréciais ce pragmatisme et j'aimais assez l'idée de ce ménage dissolu dont l'existence se maintenait tout de même dans son registre administratif le temps d'en finir. Un matin, assis juste en face d'elle dans le petit bureau où se tenaient nos réunions, je me mis à la fixer au point qu'assez vite l'insistance de mon regard vint à la perturber. Nos consœurs continuaient de proposer des sujets d'articles, la discussion se poursuivait quand je gardais, moi, un visage impassible. Je la scrutais sans mot dire, juste bercé par le ronronnement de la conférence. Le climat s'alourdissait, elle fronçait les sourcils, écarquillait les yeux dans une supplique interrogative, essayant de saisir le message que je tentais apparemment de lui transmettre, quand soudain je sortis de derrière mon dos un livre que j'avais tiré d'une pile d'ouvrages qui traînaient là, et sur sa couverture elle put lire son titre : *Retrouver le plaisir par l'hypnose*.

Pour échapper à la narcose de la conférence, il m'arrivait de simuler quelque coup de fil à passer d'urgence. Le simulacre était grossier mais il me permettait de m'éclipser en douce. Extrait de la conférence de rédaction, une fois retourné m'asseoir à mon bureau, il convenait, pour peu que j'aie quelques feuillets à noircir, de me coiffer sans délai de mon isolateur, un casque de chantier. Lui seul me permettait de tenir dans le brouhaha permanent, d'échapper aux apartés qui tournaient au meeting, de réfléchir en somme. En général, je perdais cinq minutes à remettre la main dessus, car mes consœurs avaient la désagréable habitude de me l'emprunter. Je l'avais acheté, sur les conseils avisés de Florence Aubenas, au Bricocenter de la place Clichy. J'avais beau répéter à l'une et l'autre que pour une somme modique tout individu normalement constitué pouvait s'en dégoter un similaire et même en passer les 8,30 euros en note de frais, cela ne changeait rien. Il fallait toujours que l'on farfouille dans les tiroirs de mon bureau pour me le tirer, à croire que le frottement continu de mes oreilles sur les coussinets de mousse en dopait par capillarité les utilisatrices. Le plus souvent, je le retrouvais abandonné entre deux ordinateurs. Je le glissais alors sur mes oreilles et ce geste altier me procurait un doux frisson, car j'y trouvais comme un écho aux gravats et moellons qui auraient dû constituer mon ordinaire, si de mon diplôme d'architecte j'avais tiré de quoi bâtir en dur, loin des encres et des NMPP.

Ce casque de chantier, plus qu'une protection, est un symbole et un aveu. Il révèle ce qui me taraudait, le désir éperdu de prendre du recul, de maintenir la rédaction avec ses codes et ses lois à une distance prophylactique. En réalité, je cherchais continuellement à fuir et puisque, grand reporter, cela m'était permis, je ne m'en privais pas. Shanghai, Rio, Montréal, Le Cap, San José, Rangoon, Moscou, Stockholm, Leeds, Berlin, Milan, Delhi, Istanbul, Tel Aviv… À chaque fois, un billet, un visa si nécessaire, une valise vite bouclée et à la semaine prochaine! Quand nous fûmes équipés de téléphones portables, j'avoue que je savourais la surprise de mes interlocutrices qui en m'appelant me découvraient à Tachkent, Kuala Lumpur ou Bogota. J'ose espérer que, de temps en temps, quelques-unes de mes consœurs, s'inquiétant de mon absence, s'enquièrent à la cantonade de mon existence en lançant un « Mais il est où, Trétiack? ». Dans ce décalage salutaire, je reconnais ce qui a balisé mes jours, le reflet d'un atavisme certain, d'une culture où fut vénérée toujours la poudre d'escampette. *Afazat*, ce mot yiddish que nous prononcions quelquefois en famille et qui signifie « de travers », résume la volonté constante qui m'anima, et m'étrangla peut-être, de me vouloir en lisière. Certes, cette audace, ce détachement non dénué d'une certaine morgue, d'un sens dissimulé de la supériorité, celle des libres voyageurs sur les sédentaires encroûtés, pouvait se payer cher. À force d'être dans la marge, on risquait de sortir de la page comme l'avait suggéré Jean-Luc Godard dans une interview au magazine *Les Inrockuptibles*, avec ce brio naturel qui l'autorisait à jongler entre les plans : c'était le danger. Mais cet *afazat* m'allait comme un gant. Assis sur une fesse, un peu de traviole durant un entretien d'embauche, un examen ou même une interview, jamais exactement où l'on m'attendait, installé toujours en bout de rang pour mieux m'échapper des salles de spectacle, sur le pied de guerre *ad vitam æternam*. Cette passion latérale, je la cultivais et même la chérissais puisque au fil de mes rencontres je la traquais chez les autres, quêtant dans leurs mots des échappées et des visions. Je vivais le journalisme comme une tâche consistant à faire sortir les gens de leurs propos abstraits pour mieux les pousser dans le visuel, persuadé qu'un bon exemple vaut toujours mieux qu'une théorie. Je ne voulais rien entendre, je voulais voir ce que l'on me disait, le toucher des yeux, et c'est ainsi qu'après avoir éclusé quelques verres de whisky, quand mon ami Kaveh, traducteur émérite de persan, lâcha dans les brumes d'alcool d'un soir à Ispahan « En Iran, on a la liberté d'expression, on n'a pas la liberté… après l'expression », la lumière se fit de Qom à Chiraz et de Tabriz à Mashhad.

ELLES ET MOI

De ce déphasage élevé au rang des beaux-arts, Alejandro Jodorowsky, l'écrivain cinéaste, m'avait fourni la plus belle illustration. Il l'avait dépliée pour moi, soulignant l'importance du costume. « Si vous devez vous rendre à un entretien d'embauche, m'avait-il dit sur le ton de la connivence, portez des vêtements qui ne sont pas les vôtres. Votre interlocuteur échouera à vous circonscrire, à vous maîtriser, et pourtant il demeurera intrigué et, de tous les candidats, il gardera de vous l'impression la plus forte. » Et dans son phrasé ripoliné d'accents argentins, le spécialiste de la psychomagie, le tireur de tarot avait ajouté : « Pour parfaire l'ensemble, se décentrer un peu plus, il suffit de glisser dans sa poche une côte de porc crue, enveloppée dans du papier d'aluminium, et de la caresser doucement, de temps en temps, du bout des doigts, au fil de la discussion. » Ce fut là, sans doute, l'enseignement le plus libertaire que je reçus.

À la garde-robe je croyais, et c'est pour cela que je n'ai jamais méprisé la mode et tout ce que cet univers peut drainer, car passé l'hystérie des *fashion weeks*, dégagé l'outrance des ego, reste un terreau sociologique inépuisable. Rentrant d'un assez long périple dans le nord du Rajasthan que j'avais écumé avec mon partenaire de bourlingue, le photographe Guillaume Herbaut, et comme nous attendions je ne sais plus quoi dans un bureau à Chandigarh, je reçus un appel du journal qui m'apprit que j'étais lauréat du prix Louis Hachette pour un reportage effectué sur le vestiaire des mollahs en Iran, sujet excentrique où la mode se conjuguait au masculin dans un univers à la misogynie sans complexe. Le plus beau souvenir que j'en garde et qui me chauffe encore le cœur fut d'entendre un groupe de filles, sans doute serrées dans le bureau de la rédaction en chef « magazine », hurler et m'applaudir à distance. À toutes celles, sans visage, qui manifestèrent ce soutien et cette joie, je veux dire ici ma reconnaissance, car leur enthousiasme et, plus encore leur générosité m'accompagnent.

L'extravagance du sujet irano-fashion tout juste évoqué est d'autant plus criante que d'ordinaire, et quel que soit le sujet – la mode, la beauté, les discriminations, le sexe, la maternité ou son refus, le social comme la culture… –, il me fallait l'aborder toujours par son versant féminin. Dire que je me prêtais à l'exercice avec félicité est un euphémisme. Quelquefois, les sujets sur lesquels je planchais débordaient du cadre et touchaient alors à la féminisation du monde dans son aspect le plus incarné. Ainsi je retrouvais à San Paolo le photographe Ludovic Carême pour plonger avec lui dans l'univers boursouflé de la chirurgie esthétique. Tous ces adeptes du remodelage que nous traquions pratiquaient une forme d'addiction en famille. Chez ces fanatiques, il n'était pas rare de voir les représentants de trois générations arborer le même faciès malaxé à l'identique. Nous croisâmes dans des condominiums coiffés de *penthouses* et protégés par des grilles et des vigiles en uniforme des êtres étranges et sans âge. Dans ces foyers livrés aux scalpels, des chirurgiens démoniaques conféraient à une grand-mère d'un coup de bistouri circulaire le visage juvénile de sa petite-fille, et dans ces foyers encore, à une femme de ménage depuis vingt ans au service de la maison qu'on voulait remercier, on offrait de nouveaux seins, l'incorporant ainsi dans le corps commun de la famille. Ivo Pitanguy, le gourou brésilien de la chirurgie esthétique, que nous avions rencontré dans sa clinique de San Paolo, résuma ainsi notre époque : « Une expression française dit que le sein d'une femme doit tenir dans la main d'un honnête homme. Le problème c'est qu'aujourd'hui cette main doit être celle d'un basketteur. »

Chercher la femme fut en somme mon bréviaire et une école de journalisme, car la futilité que l'on attribuait encore au « beau sexe » – l'expression, bien que plombée, circulait toujours dans l'inconscient social – me permettait d'avancer masqué. Je pris un malin plaisir à traquer l'insignifiant pour mieux dénoncer des travers capitaux. Je vouais ainsi aux Miss une adoration cérébrale. Dans leur défroque de pin-up démodée, elles cristallisaient l'essentiel, la femme-objet haïe des féministes, une passion perverse pour l'assujettissement et, plus encore peut-être, de la *realpolitik* révélée à fleur de peau. Elles avaient le don d'exaspérer les dictateurs de toute obédience. Ainsi, quand le Tibet avait élu sa Miss, les Chinois furibards avaient maudit les bonzes et tous les moulins à prières. Par un mouvement contourné, moins ces jeunes femmes portaient de vêtements, plus leur discours se faisait incisif, glissant de l'aimable révérence en bikini au manifeste politique le plus acéré. Les vêtements, même réduits au minimum syndical, tenaient toujours du drapeau, et le magazine ELLE m'offrait la possibilité de me glisser dans leurs plis, d'user de la mode comme d'une clef prompte à forcer les serrures.

Un journaliste racontait dans le *New York Times* comment à New Delhi, en Inde, la location de couvertures nocturnes devenait un business juteux. Les miséreux qui y avaient recours étaient si démunis qu'ils ne possédaient pas même un coin pour y stocker le bout de chiffon personnel qui aurait pu leur assurer un minimum de chaleur à la nuit tombée. Ces couvertures misérables, ils avaient bien essayé de les cacher dans des trous du bitume, des amoncellements de gravats et dans les arbres, mais de plus futés qu'eux ou de plus pauvres encore les dénichaient. Ainsi, en ne parlant que de ces étoffes crasseuses, usées, trouées, souillées louées et relouées, glissant, poisseuses, de corps en corps, c'est l'Inde dans sa violence qui se déballait dans l'article. J'adorais cela. Prendre le monde par un ourlet, une poche revolver, un cran de ceinture, et le mettre à nu. Le journaliste Patrick Radden Keefe, dans l'article qu'il publia dans le *New Yorker* et dont il tira ensuite le livre choc *Ne dis rien*, racontait comment, en pleine guerre d'Irlande du Nord, les Britanniques avaient eu la démoniaque idée de monter une blanchisserie à Belfast. À l'époque, dans ces familles catholiques où dix enfants étaient la norme, où les mères s'épuisaient à laver le linge à la main, un véhicule publicitaire était apparu. Équipé d'un haut-parleur vissé sur son toit, il fit le tour des quartiers catholiques de Falls Road, de Short Strand et d'Ardoyne pour y proposer des coupons de réduction aux clientes qui confieraient leur linge à cette entreprise que l'on pouvait déjà qualifier de féministe. Et l'idée fit florès. Les mères, délestées du fardeau de la lessive hebdomadaire, plébiscitèrent l'initiative. Or voilà que, dans la foulée, semaine après semaine, les caches d'armes de l'IRA se mirent à tomber aux mains des agents britanniques. Et pour cause. Les blanchisseurs travaillaient pour les services secrets de Sa Majesté. Une fois le linge récupéré, les chemises, les caleçons, les chaussettes, les robes et les salopettes étaient scrutés, analysés dans le seul but d'y trouver des traces de poudre. La suite est connue. Des arrestations, une suspicion mortifère qui se propage au sein même de l'IRA, la quête du traître, des règlements de compte et puis l'éclair de génie, la compréhension de toute cette machinerie, le guet-apens, l'exécution des deux « blanchisseurs » dans leur camionnette et celle, dans le même mouvement, d'un agent caché dans le double-toit du véhicule. Dans cet article, cette affaire n'occupait qu'un court paragraphe, mais toute la diablerie humaine s'y trouvait concentrée : du linge sale, une idée de (mauvais) génie, de la rouerie à revendre, et tout cela hissé sur l'ancestrale misère des familles, étiré dans la noirceur des alignements de maisonnettes de brique, bref, la guerre dans sa crudité, un concentré de pauvreté résumé en quelques lignes. De cette Irlande j'avais tiré moi aussi un article, centré comme il se doit sur les femmes de l'IRA. Il commençait par cette phrase : « Cela se passe dans un mouchoir, mais c'est un mouchoir sale. »

Les vêtements, les lessives, les défilés de mode, les Miss. Ces dernières nous cernaient et nous les traquions. Ainsi, nous allâmes à Moscou suivre la saga de Miss Atome, employée lambda d'un épigone de l'industrie nucléaire, femme fatale élue parmi toutes ses consœurs. Cet article, nous ne pûmes nous empêcher de le titrer « Toutes des bombes ». Puis nous allâmes en Biélorussie visiter l'école de beauté que parrainait le satrape au pouvoir et qui l'est demeuré. Loukachenko venait d'interdire la sortie du territoire à tous les top models et l'absurde mesure valait qu'on se ruât dans cette république figée dans son passé soviétique. Et là encore nous fûmes comblés. Entre les craquements des micros dissimulés dans les lambris de nos chambres d'hôtel, la peur panique des autochtones devant la moindre de nos questions et la splendeur des Miss que nous fréquentâmes jusqu'à ce que le KGB nous ostracise et nous condamne à la solitude, nos contacts subitement saisis d'une frénésie d'annulations de tout rendez-vous, une Volga nous collant au train, tout cela nous détermina à lever le camp et au plus vite. De ce retour de glaciation me reste une image, celle où j'apparais encadré par les deux dernières Miss que le pays avait couronnées. Toutes deux, la brune, ex-maîtresse du dictateur, et la blonde qui se refusait à lui et qui parlait à voix haute, protégée peut-être par son titre encore tout chaud, me dépassent d'une tête, à gauche comme à droite. Paré pour affronter les frimas locaux, je porte un pull triple fil en cachemire acquis aux soldes privés de la belle maison Hermès. De cette photo, j'envoyai un tirage au service de presse de la rue du Faubourg-Saint-Honoré avec cette légende : « Un pull Hermès, assurément cela réchauffe... mais cela ne grandit pas. » C'était cela aussi, la presse féminine, le nec plus ultra du chic et l'inaccessible taille mannequin comme une punition.

Les costumes des mollahs, les robes de mariée offertes aux futures épouses démunies par une sœur recluse d'un

Chaque année, l'industrie nucléaire postsoviétique décernait un titre de Miss Atom à l'une de ses employées. Toutes des bombes, en quelque sorte. Ici, me voici solidement entouré par la blonde Elena Kamenskaya (23 ans), Miss 2007, et la brune Yulia Nagaeva (26 ans), Miss 2008. C'était vraiment un job difficile. Suivre les lauréates du concours de Miss Atom ne fut pourtant pas une sinécure ; l'ombre de la catastrophe de Tchernobyl irradiait tout.

Mariola Wawrzyńska, Miss de la terre d'Auschwitz 2004. Dire que je fus choqué de découvrir que, même dans cette ville de Pologne on élisait une miss, est un euphémisme. Elle était pourtant charmante cette jeune fille qui avait eu la malchance de naître au mauvais endroit. Son rêve était d'en partir.

cloître d'Italie furent autant d'épisodes où les penderies m'ouvrirent les portes d'univers clos ou dissimulés. Un pull, une jupe, des sous-vêtements pouvaient en dire beaucoup plus que des aveux circonstanciés. Coudre le réel et en découdre avec lui, voilà ce que le ELLE m'autorisait à faire. Et je n'en fus jamais rassasié. Comme je ne le fus jamais de ces femmes que l'on cueillait partout, dont on tirait l'image et le portrait dans des chasses aux fossettes, aux cils et aux silhouettes, dans ces *fashion streets* qui parfois nous rendaient dingues, comme à Tallinn, en Estonie, avant même que le pays n'ait intégré la Communauté européenne, dans cet autre vestige de l'Union soviétique où les filles ensorcelantes nous dévissèrent le ciboulot de leurs visages où se télescopaient le type slave et le sourire esquimau. Je sais que, comme moi, le photographe Guillaume Herbaut, qui leur courut après à mon côté, en rêve encore. Il advint qu'un jour, en veine de confidence et comme je pénétrais dans un hôtel après des heures de route, je dis à voix haute combien notre fixeuse roumaine me fascinait par ses fossettes. Le chauffeur, qui m'écoutait, s'avéra être son père. Cela lui plut ou lui déplut, je ne sais, mais le lendemain, comme je m'en allais tenir une conférence dans la salle d'un théâtre, on me montra la page du quotidien de Cluj où j'apparaissais en photo sous ce titre passionnant : « L'auteur français qui aime les fossettes ».

Puis vint Miss Auschwitz, ou pour être plus précis Miss Zemlia Oswiecim, Miss de la terre d'Auschwitz. Celle-là, nous n'osions y croire et pourtant nous la cherchâmes, habités encore d'une pulsion putride, caressés du souffle morbide qu'exaltait cette Pologne. Nous étions pieds englués

Ici, sous le portrait si sympathique du satrape biélorusse Alexandre Loukachenko, me voici flanqué à gauche par Vohla Antropova (Miss 2004) et à droite par Olga Serejnikova (Miss 2002). Cette photo me donna l'occasion de préciser au service de presse de la maison Hermès que si le pull quatre fils cachemire que je portais alors me réchauffait bien, il ne me grandissait pas.

à Birkenau, creusant l'ordinaire de ce territoire sans égal, balayant la vie quotidienne dans ce lieu dont la simple évocation provoque l'effroi. Et nous vint l'idée que, dans ce monde où la mort était partout, où le hors-champ de l'extermination suintait des murs de brique et des chaussées, où le savoir-vivre n'avait plus de sens commun, il se pouvait, peut-être, en dépit de la répulsion que l'idée même suscitait en nous, qu'une Miss existât. Et nous la trouvâmes. Et elle était charmante et magnifique et c'est elle qui me livra la conclusion de mon article sur cette agglomération maudite : « Quand on naît à Auschwitz, le mieux, c'est encore d'en foutre le camp. »

Pressé toujours par l'impératif de raconter le monde au féminin, je me suis retrouvé au Caire aux prémices de la révolution de la place Tahrir. L'Égypte, gouvernée encore par le clan Moubarak, montait en chauffe, le système verrouillé prenait l'eau mais nul ne mesurait la hauteur de la vague qui allait la précipiter dans le chaos. J'étais alors à la recherche de la dernière danseuse du ventre. Tenaillée par les Frères musulmans, la société se faisait de plus en plus rigoriste et les cabarets, désormais circonscrits dans l'œil du cyclone, voyaient leurs attractions scrutées par les barbus. Les contorsions abdominales étant abominées, le chômage menaçait par dizaines les professionnelles de la capitale. Occupé à courir après la star de cette discipline qui avait tant fait pour le cinéma arabe et qui me glissait des mains, je finis par me retrouver un après-midi dans un appartement bourgeois en compagnie d'une jeune danseuse pleine de talent et d'énergie, et nous eûmes, le photographe Alfred Yaghobzadeh, vétéran de la guerre irako-iranienne, et moi-même, le voluptueux bonheur de jouir d'une démonstration de cambrures entre quatre yeux. Me reste de ce moment d'extase le souvenir de cette jolie fille juchée sur une table vernie, vouée d'ordinaire aux repas du samedi, et juste drapée dans un voile suggestif et quelques chiffons scintillants de breloques, se déhanchant dans la pénombre tandis que sur le boulevard, au pied de l'immeuble, résonnaient les premiers tirs de grenades lacrymogènes, le fracas des poubelles jetées depuis les toits et les cris des manifestants encore subjugués par leur propre témérité. Pour ces moments de grâce, je ne pouvais que vénérer ce magazine qui m'envoyait au front pour que le rouge y montât. Oui, nous avions la chance d'être payés pour être spectateurs, pour contempler les plus belles femmes en exercice, et cela au nom même de la défense des principes démocratiques dont notre société s'était fait un socle. Car éradiquer la danse du ventre, c'était piétiner des siècles de suggestion érotique et, parce que voyeurs, nous entrions en résistance. L'éthique nous enjoignait de nous rincer l'œil. Ce fut torride. Bien qu'adepte modéré de l'orientalisme colonial, je ne pus résister au tintinnabulement des sequins caressant un nombril, au froissement d'une soie sur une cuisse oblongue, à l'imminence d'un surgissement de pubis entre deux arabesques, à l'incessante ondulation d'une longue chevelure brune sur un dos emperlé de sueur. J'appris à l'occasion que l'Égypte avait vendu à l'Arabie saoudite l'intégralité de sa cinémathèque, trésor inépuisable, et que les films diffusés désormais sur les chaînes de Riyad se voyaient amputés des scènes de chant et de danse qui en faisaient le sel et le prix. Il me revenait alors que sur l'écran de télévision d'une chambre de l'hôtel New York à Rotterdam, j'avais, un jour, vu un film arabe au cours duquel un individu plutôt replet, coiffé d'un fez et abandonné sur un sofa, répondait, las, à la servante peu vêtue qui lui tendait un plateau de mézés : « Non, je n'ai pas faim. Je prendrai juste quelques sandwichs de fèves », substitut roboratif comme devaient l'être les sourates glissées en douce entre deux plans, en sus et place des tensions de poitrines et des gigotements de dunes fessières. Il me revient encore que la première fois que j'entendis, en conférence de rédaction, deux de mes consœurs dénigrant je ne sais quel collant stretch qui leur dessinait un pied de chameau, j'avais mis un moment à comprendre. Je peux dire qu'à cet instant, conditionné par la latéralité imposée du sexe masculin, dont on sait que ses détenteurs en pleine possession de leurs moyens, et surtout de leur santé mentale, portent à gauche – paradoxe dans un pays en phase de droitisation permanente –, l'idée de cette centralité physique m'avait échappé. Je la mesure depuis, chameau que j'étais affligé de mes boss. Bref, les plaisirs et les vices de l'Arabie s'offraient à nous, innombrables, et si le Moyen-Orient est, selon la formule, compliqué, il est parfois très simple… d'appareil, s'entend.

Je n'étais pas le seul à me délecter du spectacle éternellement renouvelé de ces filles s'offrant sous leur meilleur profil. L'hameçon ferrait les esthétisants de tout poil, et quand le magazine se lança dans une tournée mondiale des critères de beauté, de l'Allemagne au Japon en passant par je ne sais quelle nation exotique, mes consœurs se rincèrent l'œil comme je l'avais fait moi-même. Ainsi, je refilai la bonne adresse du Oh-la-la Bar à l'une d'entre elles, envoyée en Russie. Cette boîte de nuit avait eu les honneurs de la presse et de la littérature car son propriétaire, un ancien trotskiste français reconverti dans la publicité et les bars à bière, y recevait la fine fleur de notre jet-set en goguette. Il est vrai que ce lieu valait le détour. Les jolies filles, qu'elles soient lancées dans des volutes célestes autour d'une barre d'acier ou bien arrimées en bataillon au comptoir à cocktails, vous tournaient la tête bien mieux que des rasades de gin ou de vodka. Qu'il se soit agi d'un bordel dissimulé ou simplement d'un lieu de rencontre où des filles résolues à s'expatrier venaient miser sur le bon cheval et décrocher le mariage blanc qui leur ouvrirait l'espace Schengen reste une question en suspens. Ce qui demeure, c'est que ce mauvais lieu comme tant d'autres attirait tous les mondes, faune interlope, hommes d'affaires et décavés, et parfois même une journaliste émoustillée bien que consciencieuse et féministe.

Tout de même, un fossé s'ouvrait entre cet univers de minijupes, de cuissardes et de tabac, et l'envoûtante reptation de ma danseuse du ventre cairote. Nous étions venus en batterie errer sur les trottoirs de la capitale moscovite, attirés par ce qui semblait être une réplique en version glacée de la Movida madrilène. Après des années de communisme, et sous la férule de plus en plus avinée de Boris Eltsine, la nuit cristalline s'ouvrait à la débauche. Mais l'homme russe n'est pas l'hidalgo, et quand le noceur de la Piazza del Sol déboutonnait sa chemise et vous prenait par le cou, le rescapé des Soviets vous faisait la gueule. Pour le dire simplement, cette Movida avait tous les aspects d'une Moviniet. D'ailleurs c'était toujours ainsi, à l'image des trognes patibulaires et lourdement chargées en alcool des compagnons rencontrés au hasard des ascenseurs. Russes, Ukrainiens, Biélorusses et même Kazakhs ou Kirghizes, tous mataient leurs godillots par crainte d'accrocher votre regard. Un bonjour, un signe, un sourire de votre part les aurait inquiétés. « Mais que me veut donc cet olibrius ? Serrons notre portefeuille. » Non, il fallait s'en tenir à la dureté du territoire immense et réfrigéré, mordre dans sa chapka ou se l'enfoncer jusqu'aux yeux en attendant que l'empire des sens se réveille et qu'à 3 heures du matin, enfin et dans les plus sombres recoins du Oh-la-la Bar, tout le monde soit aux anges et à poil.

Mon implication dans la geste féminine a trouvé son climax lorsque j'ai couvert l'inauguration d'un atelier de fabrication de serviettes hygiéniques en partie financé par la Fondation ELLE, dans l'est de l'Inde, non loin de la ville de Chepaluppada, dans le district de Visakhapatnam. Au jour J, muni d'une solide paire de ciseaux comme tout bon notable, j'ai coupé le ruban qui en barrait la porte d'entrée sous les vivats des autochtones. J'avais dû batailler ferme pour mener à bien ce reportage, car mes consœurs s'y étaient d'abord opposées. L'idée m'en avait été suggérée par Christine Eggs, de l'association FXB. Dévolue à lutter contre le sida, qui affecte les enfants dans diverses parties du globe, la fondatrice de cette ONG, Albina du Boisrouvray, avait découvert, lors d'un voyage en Inde et grâce à un brahmane et médecin local, le docteur Raju, qu'un autre fléau frappait plus durement encore les populations rurales démunies de l'Andhra Pradesh : l'absence de protection périodique. Chaque mois, les femmes de ces villages devaient se tenir à l'écart de leur communauté, se cacher, sortir de nuit faire leurs besoins et surtout se débrouiller avec les moyens du bord pour se procurer un semblant de protection hygiénique. Elles

Dans cette région du nord de l'Inde, parmi les sikhs, nous avions suivi une ambulance qui pratiquait des échographies et des avortements quand il s'avérait que le fœtus était de sexe féminin. Par voie de conséquence, nous étions dans la région où le taux de femmes par rapport aux hommes était le plus bas du monde. Ainsi, même par l'absence, les femmes restaient au centre de nos préoccupations.

utilisaient de vieux saris et ceux-ci, sales et non absorbants, les condamnaient à barboter dans une humidité malsaine que la chaleur rendait létale. Les infections qui en découlaient étaient non seulement légion, mais dramatiques. Stérilité, invalidité et décès s'ensuivaient. La fondation FXB décida donc de se lancer dans la formation d'une équipe d'ouvrières susceptibles de fabriquer à la chaîne, mais à la main, des serviettes. Ce qui en découla alla bien au-delà du confort. Protégées et libres de leurs mouvements, les femmes de ce village reprirent de l'assurance, gagnèrent en autonomie, parlèrent d'une seule voix et toute la société locale en fut transformée. L'article qui en rendait compte fut titré « Les Indiennes changent les règles » et sa conclusion se faisait manifeste : « Comme quoi on peut taper sous la ceinture et faire bouger les montagnes. »

En attendant, j'en étais encore à proposer l'idée au magazine et des moues dubitatives et des regards en coin l'accueillaient. « Oui, bon, mais... » Ma proposition provoquait de la gêne, et que ce soit un homme qui la formule n'arrangeait rien. Dans ce magazine où j'en avais entendu des sévères, en ce début 2010, les règles demeuraient tabouës. Or donc, me permis-je d'insister, si ce sujet vous dérange tant que cela, c'est que sans doute il est excellent, et l'argument porta car j'avais en face de moi des journalistes. Je partis donc en Inde et je ressens une certaine fierté à avoir accompli ce qu'on peut qualifier de bonne action. Je suis convaincu, comme le disait Bakounine, que « la liberté des autres étend la mienne à l'infini ». Certes, cette citation, l'acteur François Simon la prononce dans le film *Charles mort ou vif*, du cinéaste suisse Alain Tanner, pour demeurer dans son lit, au premier étage d'un chalet, plutôt que de descendre faire la vaisselle, mais à ma faible échelle, à mon petit niveau de conscience et d'action, je crois pouvoir dire que j'avais agi là pour libérer non seulement les femmes, mais une bonne partie du genre humain dans le même mouvement. J'ajoute que cette citation, je l'avais utilisée lors d'une discussion avec une amie très chère qui me rappela quelques jours plus tard pour me demander de lui « redire cette citation de "ma cousine" ».

J'eus moins de chance avec les femmes de Castleford dans le Yorkshire. J'avais été stupéfait de lire dans un article republié par *Courrier international* que cette ville du district de Waterfield concentrait la plus forte proportion de femmes laides au Royaume-Uni. Ce constat ahurissant émanait d'un échotier local, bien connu de tous et qui semblait ne pas s'inquiéter de ce que cette assertion misogyne pouvait comporter de nuisible aux populations. Son article dûment signé de son nom prouvait son inconscience et peut-être aussi sa stupéfiante lucidité. Cela méritait d'être vérifié et, toujours sensible au fumet du scoop, je sus convaincre mon magazine de me laisser filer outre-Manche.

Je commençai par m'installer dans la ville voisine de Leeds, louai une voiture et, le lendemain, je débarquai dans les bureaux de la feuille de chou d'où cette bombe particulièrement cruelle avait été lancée. Qui donc en était l'auteur ? Le reportage commença mal. À peine mon interlocuteur prit-il la parole que je sus que je ne comprendrais pas un mot de ses dires. J'avais connu pareille humiliante mésaventure des années plus tôt, lorsque j'avais tenté d'interviewer des femmes membres de l'IRA à Belfast. Cette fois encore, une bouillie me submergeait et j'en fus d'autant plus navré que nous étions déjà attablés dans un pub où d'anciens mineurs tapaient le carton. Diserts, ils entendaient m'abreuver de pintes et de propos, mais leur substance, aussi sombre que ma Guinness, m'échappait. Rien. Je n'entravais rien. Le vide total. J'en fus pour mes frais et, abandonnant toute chance de capter quoi que ce soit par l'oreille, je m'en remis à la vue et me lançai dans une lâche dérive urbaine dont l'effet fut désastreux. Tout était sinistre. La rue morne était livrée aux roulettes. Sur les trottoirs, de très jeunes femmes, enceintes pour la plupart, traînaient derrière elles des poussettes garnies d'un premier rejeton. Tout en mâchant du chewing-gum ou des résidus de kebab, elles zigzaguaient sur le trottoir entre des chaises roulantes dans lesquelles des pensionnés, de nombreux hommes trentenaires, tuaient la journée. Au bout de quarante-huit heures d'incompréhension, je commençais à m'acclimater au rythme du phrasé local et pus en dégager quelques idées générales. Je saisis que, en grande majorité, ces handicapés forçaient leur malheur pour mieux toucher des allocations tandis que les filles mères battaient le pavé. Cela semblait excessif, comme un réquisitoire destiné à stigmatiser les pauvres, les chômeurs, les handicapés et même les filles prétendument perdues. Je renâclais à prendre pour argent comptant la totalité de la fable mais il m'apparut bien vite qu'une nappe de vérité surnageait sur ce salmigondis de détresse humaine.

La ville de Castleford, par ailleurs célèbre pour son équipe de rugby à XIII, les Tigers, accumulait les points noirs,

À Kumba, au Cameroun, entre deux « flics » venues nous retrouver à notre hôtel. À droite Rita Agbor, commandant chargée des affaires sociales et à gauche une collaboratrice de choc. On nous avait conseillé de ne pas les rencontrer au commissariat car nous risquions d'y être rackettés… Arrêtés à un barrage par l'armée, j'eus le plaisir alors que j'exhibais ma carte de presse d'entendre le militaire en battle-dress me dire « Ah, c'est vous qui parlez trop là ».

et du charbon d'hier restait la suie d'une débâcle sociale carabinée. Oui, les filles tombaient enceintes beaucoup trop jeunes; oui, les *lock-out* successifs avaient ravagé le territoire; oui, des hommes encore vigoureux tentaient de se faire passer pour des culs-de-jatte, des paraplégiques ou des déficients mentaux. Mais au fait, étaient-elles si moches, ces pauvres femmes? L'éclairage ambiant virant aux ténèbres, avouons qu'il m'eût été délicat de leur trouver des charmes. Le climat faisait tout et vous projetait dans les yeux une poussière qui amochait mes semblables, leur grisait le derme et leur graissait le cheveu. De ce filtre de malheur, nul ne pouvait se relever. Les éclopés bourrelaient le territoire de leur corps martelé par la malbouffe, les escarbilles et l'air vicié. Je rentrai à Paris, écrivis l'article, le soumis au magazine… qui, outré, le refusa. Je bataillai, reprochai à mes supérieures de nier la réalité, de caler devant un sujet de société pur et dur. Mais quel annonceur payant des sommes rondelettes pour voir vantées ses crèmes rajeunissantes aurait accepté de se trouver cerné par les pages anthracite de mon reportage? Je ne faisais pas le poids devant la nécessité d'enjoliver le monde et, si je le comprenais, je le déplorais aussi, car il fallait de tout pour faire un monde et même un magazine.

Pour finir, déçu de voir le résultat de ce reportage jeté aux oubliettes, je contactai l'un de mes amis qui travaillait à *Détective*. Je rebâtis l'article, qu'ils publièrent. Fin de l'histoire.

Restait tout de même cet écueil qui voulait qu'à choisir il valait mieux que toute interviewée soit photogénique pour que l'article ait des chances d'être validé. Ce n'était pas toujours facile et il arrivait même que de femmes nous ne trouvions pas. De rares fois, avec Guillaume Herbaut, mon double photographique, obsédés que nous étions par l'obligation de féminiser nos enquêtes, nous nous rongeâmes les sangs devant leur absence du panel de nos interviewés. Une malédiction semblait alors nous coller au train. Les hommes se succédaient, venaient à notre rencontre, certains remplissant parfaitement leur rôle, nous fournissant et du texte et de l'image, mais les femmes semblaient nous fuir. Or, quel que soit le sujet du reportage, je le répète, il nous fallait des femmes. C'était impératif, l'exigence minimale du magazine. Alors, dans notre désarroi, on ne pouvait s'empêcher d'entonner le tube stratosphérique du regretté Patrick Juvet : « Où sont les femmes ? Où sont les femmes ? » Mais oui, quoi ! Elles étaient où, les gonzesses ?

Quand les femmes venaient à manquer, il me fallait écouter mes semblables, accepter qu'au hasard de leurs surgissements ces hommes m'infligent et leur carrure et leurs rancœurs. Sans qu'ils constituent la cible de mes errances et puisqu'ils s'imposaient, j'avoue que, à rebours des exigences du magazine, j'étais enclin à les écouter tant leurs propos, par leur crudité et même leur naïveté, me fascinaient jusqu'à me bouleverser.

Des boyards, des soudards, des malfaisants, j'en ai croisé beaucoup. Leurs diatribes me sont restées gravées dans la mémoire. Témoins, victimes passives ou révoltées, acteurs ou marionnettes, ils me déballaient leurs drames et leurs espoirs et je les scrutais en entomologiste. Ils me passionnaient par l'ineffable pureté de ces instincts primaires qui les poussaient à surjouer. Ils en faisaient trop et le réel prenait chez eux des contours romanesques. Je les écoutais et m'en voulais de ne pas avoir su filmer in extenso les longues séquences durant lesquelles ils se révélaient, anxieux, cruels, prêts à tout pour défendre le peu qu'ils possédaient. Une âcre malveillance les poussait à l'assaut.

Philippe Trétiack

L'initiateur de la première Bourse d'URSS que je percutai un soir dans une mairie abandonnée de la grande banlieue de Moscou me captiva jusqu'à la transe. Il commença par m'en mettre plein la vue, à la manière de ces anciens pauvres qui s'imaginent crédibles si leur table déborde de victuailles. De l'existence, il exigeait sa part, et celle-ci se devait d'être pléthorique. Pour commencer, il se gobergea de son désir de faire fortune. Il ne perdrait pas de temps. Cela se ferait vite. Et comme il s'échauffait, grisé par ses initiatives, par le caractère sauvage et pionnier de ses montages financiers, il se déboutonna, et le bandit de grands chemins, le détrousseur d'entreprises en faillite, le corrompu des sovkhozes se lâcha. Soudain, il cessa de tergiverser et il me parla comme on doit parler quand la menace se précise, en mettant les points sur les i et les deux poings sur la table. Il articula d'une voix de baryton que ceux qui s'en prendraient à sa famille, il ne s'interdirait pas de les occire et de les décapiter, l'un après l'autre, et à la hache. Je n'avais jamais vu un être passer aussi crûment et en moins de trente minutes de l'onctueuse serviabilité des officines de cambistes à la fruste violence du goulag. Oui, mais comment rester droit dans une époque qui pliait? La torpille Gorbatchev n'en finissait pas de dézinguer cet empire de rouille qui, de la Pologne à la Chine, s'écroulait. Que certains, plus prédateurs que d'autres, aient voulu échapper aux gravats, comment leur en vouloir? Alors oui, ces êtres, je les aimais, car la fausseté des manigances, l'hypocrisie des ronds de jambe, l'écœurante bonne société ne tenaient pas la route devant leur appétit. L'amertume les bousculait, la rudesse de l'existence les jetait dans l'arène.

Vingt ans plus tard, le directeur d'une école des environs de Wichita Falls, Texas, qui avait autorisé ses professeurs à faire cours armés, m'offrit une version policée de cette violence originelle et en cela, elle glaçait plus encore le sang. Il me dévisageait, assis à son bureau, retranché derrière une digue de photographies où ses fils souriaient de tous leurs appareils dentaires. Il sourit à son tour et, comme je m'inquiétais de voir un jour un professeur laisser choir son arme et que, de celle-ci, un projectile ne jaillisse pour blesser ou tuer un enfant, il me mit au défi. « D'après vous, combien d'enfants, me demanda-t-il, ont volé l'arme de leur père en dix ans, pour tuer un autre enfant ? » Je n'en savais strictement rien. « Six », me dit-il. « Et dans le même temps, combien d'enfants sont morts dans une baignoire ? » Silence. « Dix-sept ! » Alors il plongea ses yeux dans les miens et, cauteleux, menaçant : « Vous voulez interdire les baignoires ? » Et voilà qu'en me remémorant ces épisodes mes yeux se dessillent. Il m'apparaît qu'au fil de ces années passées à servir la presse féminine il ne me reste en mémoire que des témoignages d'hommes. C'est sans doute un peu plus compliqué que cela. Disons qu'avec le recul je découvre que je n'entendais pas les femmes et les hommes de la même manière. Celles-ci me parurent toujours plus sérieuses, plus ancrées dans le réel. Les hommes, eux, m'apparaissaient toujours préoccupés, mobilisés par un rôle à tenir et plus encore à défendre, à croire que ce qu'ils devaient accomplir, ils l'accomplissaient par jeu ou comme téléguidés par un joueur plus puissant qu'eux. Quand, sur le parking de l'usine Whirlpool d'Amiens, un syndicaliste m'avait dit « Une réunion de l'entreprise s'est tenue. Sur la carte, il y avait toutes les filiales en Europe. Et pas l'usine d'Amiens. On était choqués. On leur a fait remarquer. Ils ont dit : "Oh pardon, on vous a omis." Omis ? Traitez-nous de cons, ça ira plus vite », c'était gagné. Ça, c'était du dialogue. Une perle, une merveille. Les femmes, elles, ne parlaient jamais comme dans un film d'Audiard ou de Scorcese. Elles pouvaient me briser le cœur, me faire plonger avec elles dans des gouffres de détresse, mais elles ne m'entraînaient jamais dans la fiction, cette pente à laquelle je cédais. J'avais du journalisme une vision personnelle et j'avais fait mienne la remarque formulée un jour par Jean Hatzfeld, à qui un intervieweur demandait si ses livres sur le génocide rwandais étaient du journalisme ou de la fiction : « Cette question n'a pas de sens, avait-il répondu. Le journaliste répond aux questions de ses lecteurs, le romancier à ses propres questions. » Voilà. C'était à cela que je m'essayais et mes propres questions touchaient à l'écriture et plus encore à l'écriture de la douleur, et il me semble que d'avoir navigué ainsi dans une rédaction de femmes me le permettait plus qu'ailleurs, car leur sensibilité croisait la mienne. Au quotidien, je préférais l'apparente douceur des femmes, dont je devinais qu'elle dissimulait une férocité et une détermination dont les hommes semblaient démunis. Une pugnacité doublait le sourire des femmes quand les hommes s'offraient avec plus de rugosité. Ils étaient transparents quand ils n'étaient pas retors ou pervers. Les femmes toujours les dominaient. Elles s'embarrassaient moins de postures. Elles n'en avaient peut-être pas le temps. Elles tranchaient.

Je ferme les yeux et les retrouve. Et m'apparaît alors que si les hommes me marquaient par leur verbe, les femmes, elles, m'impressionnaient par leur attitude. J'évacue les paroles, cherche moins à les entendre qu'à les voir, et les voilà toutes. L'institutrice avec qui nous traversâmes un lac dans le nord de l'Albanie pour apporter, en sus d'huile, de savon, de farine et de sucre, un ersatz d'instruction à des enfants cadenassés dans des maisons casemates, menacés par la loi du Kanun, la vendetta d'honneur; la fillette esclave de Port-au-Prince à qui j'offris, quand bien même on m'en avait dissuadé, une poupée Barbie, et dont je me demande aujourd'hui encore combien de minutes ou de jours se sont écoulés avant qu'on ne la lui vole; la figure marmoréenne et le corps tout de noir vêtu de Letizia Battaglia, la photographe aux cheveux roux qui immortalisa les crimes de la mafia sicilienne; notre fixeuse arménienne de Minsk, coiffée de son chapeau mou ridicule, qui cheminait vaillamment dans le grésil et les fumées; la caricaturiste iranienne de Téhéran cernée de ses feuilles de papier à dessin, de ses crayons et fusains, seule face à l'inexorable de la répression; des Indiennes, des Bosniaques, des Grecques rendues cinglées par la crise économique et les théories complotistes, et qui m'assuraient que les traînées laissées dans le ciel par les avions de ligne répandaient sur la terre des hoplites et des titans mythiques un poison chargé d'annihiler chez eux toute grandeur olympienne. Oui, je la revois, cette femme de 36 ans qui vivait encore chez ses parents, dans la chambre d'enfant qu'elle partageait avec son frère, lequel lui avait offert comme cadeau d'anniversaire un billet de 20 euros pour acheter encore un peu d'essence afin de gagner son usine perdue en grande banlieue et y conserver son emploi. Des visages, des silhouettes, des présences qui aujourd'hui encore m'accompagnent, sans un mot de trop, sans effet de manche et sans apitoiement. Aux hommes un aveu de faiblesse, une émouvante parole, aux femmes un port de tête, un hiératisme de statue, une présence qui en impose.

Nous avions beau courir le monde, le premier terrain de reportage, le vivier de nos quêtes, le terreau que l'on tisonnait sans cesse, c'étaient d'abord nous-mêmes. Avec un peu de finesse et de recul, je pouvais puiser dans mon agenda des sujets de société et je ne m'en privais pas. Cela se faisait en vérité à mon insu. De mes tracas infusés jaillissaient des fulgurances. J'étais en somme en phase avec mon époque et bien que me croyant unique et solitaire, j'étais l'exact reflet de ce qui m'entourait. Les modes, les tics, les engouements du jour, je les partageais et, mieux, je m'en faisais le propagandiste. Quand je passe en revue les thèmes que j'ai ainsi abordés, je m'aperçois qu'ils me dessinent une sorte d'autoportrait sans cesse réactualisé par mes déboires et mes errements. Semaine après semaine, le journal me servait d'exutoire et de véhicule. Embarqué dans une affaire sentimentale avec une femme qui résidait à l'étranger, je multipliais ainsi, sous les prétextes d'articles les plus divers, mes déplacements à Bruxelles. Elle était mariée, et son époux ne parlait pas la même langue qu'elle. Ils devaient donc migrer par l'anglais pour s'entendre et j'en tirai une enquête sur les couples mixtes qualifiés de « couples explosifs ». Je crois pouvoir dire que mon désir de voir leur relation vriller et très précisément exploser me poussa à des conclusions directement inspirées par mon inconscient. Cette porosité mise à nu, entre identité et sujets de reportage, donne au magazine une étrange tournure. Il vire et s'apparente soudain à un établissement de santé bien plus qu'à un organe d'information. Le ELLE devient médium où les psychés s'offrent un terrain de jeu pour mieux extérioriser phobies et fantasmes. À lire les sommaires, à y traquer les signatures, on peut s'autoriser alors à en tirer une galerie d'auteurs dont on peut espérer que, par effet d'osmose, ils rendaient compte avec une belle acuité des conditions d'existence des lectrices et lecteurs du magazine.

Puisque ma boussole particulière m'indiquait le nord en permanence, je fis tout ce que je pus pour labourer la Belgique, et le Parlement européen devint ma balise personnelle. C'était déjà une grande victoire que d'avoir réussi à rendre un peu sexy cette machinerie infernale dont le Berlaymont, son siège en forme de boomerang, était truffé d'amiante, ce qui à l'époque ne choquait pas grand monde. Bien avant que la déferlante #MeToo ne vienne modifier le climat général, la prostitution faisait l'objet dans nos colonnes d'une relation ambiguë. Nous avions au sein même de la rédaction des journalistes qui regardaient ce monde avec une sympathie qui frisait parfois la connivence. Non pas qu'elles s'adonnassent à un quelconque marché du sexe, mais elles appréciaient le fait que certaines call-girls ou affiliées soient en apparence libres d'agir à leur guise et peut-être même d'agir plus librement que nous autres, citoyens claquemurés du bulbe et de la sous-ventrière. Je m'en étais rendu compte face à Nelly Arcan dont le livre *Putain* allait en 2001 faire un tabac et faire de son auteure, dans la foulée, une héroïne et une martyre. Nous étions coincés dans un étroit bureau des éditions du Seuil et le franc-parler de cette écrivaine talentueuse enfiévrait l'atmosphère. Nul ne savait encore que, douze ans plus tard, cette romancière qui s'était lancée dans la carrière en tapinant, qui était pour ainsi dire passée du plumard à la plume, se suiciderait. Elle m'avait séché quand, lui demandant si son souhait n'était pas de voir tous ses clients se muer en lecteurs, elle m'avait répondu avec son magnifique accent québécois : « Ça en ferait quelques milliers ! » On se sent petit devant tant d'expérience. Et quand j'avais voulu savoir si elle était à l'origine du titre de son livre, elle m'avait expliqué, désarmante de naturel : « Non, c'est l'éditeur. Chez vous, en France, on dit "putain" pour tout, putain de ceci, putain de cela... Moi, je voulais qu'il s'appelle *Pute!* »

Des querelles, des joutes et même des conflits sourds fragilisaient l'unité de notre rédaction, et il advint qu'une journaliste, scandalisée par un article publié dans nos pages et qui concluait au libre arbitre des prostituées, alla de son propre chef jusqu'à refaire, pas à pas et dans le dos de sa consœur, l'enquête qui l'avait conduite à ces conclusions libertaires. Inutile de dire que le pugilat qui s'ensuivit tint de la querelle de trottoirs. Il est des périmètres qui doivent être respectés ! Je réussis à être moi-même expédié à Bruxelles pour suivre une conférence au cours de laquelle des représentantes des prostituées venaient devant les députés de la Commission européenne défendre leurs droits et développer leurs revendications. Le surréalisme belge trouvait là une occasion supplémentaire de prouver sa subsistance dans une quotidienneté où la formule « Ceci n'est pas une pipe » prenait soudain de la chair. Ce fut évidemment pour moi l'occasion idéale pour retrouver l'Argentine qui était alors ma fiancée. J'en étais absolument dingue, au point qu'au cours de nos ébats nocturnes qui firent suite aux débats de la journée, je perdis toute conscience et toutes mes notes. M'en apercevant dans le train du retour, je fus pris de panique si bien que je dus faire appel au correspondant du *Monde* pour resserrer quelques-uns des boulons de la mécanique entrevue la veille et dont je n'avais plus que de fumeux souvenirs.

Uccle, Ixelles, Saint-Gilles, Boitsfort, Etterbeek, les Marolles... de Bruxelles, j'avais parcouru déjà tous les quartiers. Je les avais découverts semaine après semaine en fonction de la localisation des hôtels que je choisissais avec soin. J'y réservais une chambre et mon Argentine venait m'y retrouver. Trois années d'exaltation et de crispations, d'allers et de retours nourris d'éclats de voix, de soupirs, de rires et de regrets. Aujourd'hui, dans la froidure d'une vitre contre laquelle j'appuie ma joue, je retrouve l'acuité sauvage avec laquelle je respirais l'air de la forêt, lorsque flottant dans le tram 28, je la traversais. J'en descendais à Kraainem pour gagner la vaste propriété dans laquelle l'Argentine s'était installée avec son eurocrate de mari qu'elle trompait avec moi. La retrouver n'était pas une sinécure. Je prenais le train à la gare du Nord, tenaillé par la crainte de voir des paysans surchauffés bloquer les voies à proximité de la frontière. La politique agricole commune donnait lieu à de solides empoignades et les tracteurs comme les bottes de paille jouaient les forces d'appoint. Le voyage durait en théorie un peu plus de deux heures mais il arrivait qu'il faille renoncer pour cause de jet de purin. Quand tout se passait bien, il fallait encore survivre à l'architecture de la gare du Midi, terrifiante dans son brutalisme de briques moutarde. Elle m'attendait à l'extérieur dans sa berline Renault et nous filions vers les Sablons ou le musée de Tervuren. Bientôt, le désir que procurait l'espoir de nos retrouvailles secrètes, la fièvre dans laquelle je marinais jour après jour dans la perspective de nos étreintes se muèrent en angoisse. C'était bien beau d'être envoûté mais cela tenait aussi de la désespérance. Je pleurais en faisant l'amour, je pleurais en la quittant, je pleurais tout le temps. Je savais bien que le salut viendrait d'une rupture, qu'il me fallait mettre un terme à cette passion dévorante, mais rien ne changeait. Chaque coup de téléphone passé en douce dans le bureau où, les unes après les autres, les employées du journal s'enfermaient pour régler leurs affaires personnelles signait ma rechute. Sa voix si particulière, espiègle et fêlée, me faisait l'effet d'un nouveau shoot et j'étais ferré.

Si je voulais décrocher, il fallait que j'opte pour un sevrage, de la méthadone peut-être, bref, trouver une autre fille. Ce n'était pourtant pas ce qui manquait autour de moi. Je barbotais dans un sérail mais la fable de l'herbe plus verte chez le voisin est une réalité pathologique que tout grand reporter, chasseur par nature, réactualise sans répit. Une proie n'est bonne qu'à l'aune des efforts qu'elle exige pour être capturée. Ce que j'avais devant les yeux m'aveuglait. Cela dura, et quand il fut établi que cette passion dévorante finirait par me laisser seul et déconfit, je jetai au feu mes guides de la Belgique et à la poubelle les speculoos de chez Dandoy. J'en avais soupé, du Parlement européen, j'accomplissais mon « frexit » personnel.

Que le magazine m'ait offert tant de fois la possibilité d'aller rejoindre ma fiancée du jour explique en partie l'attachement que je lui porte. Pour le dire d'une formule, ELLE était une bonne boîte. D'abord parce que cet hebdomadaire payait bien. Les pigistes pouvaient y gagner plus que les salariés eux-mêmes et l'intéressement aux bénéfices comme les participations en actions étaient des réalités tangibles. Ensuite parce que souplesse et libre arbitre y étaient des valeurs reconnues dont chacun pouvait profiter. Comme je me trouvais chez moi, couché avec mon Argentine en plein après-midi, un appel pressant du journal nous avait dérangés au bien mauvais moment. Exaspéré, je décrochai le combiné pour apprendre que je devais foncer au bureau. Un coup de feu, une urgence, un papier à rédiger, là tout de suite. Je m'insurgeai.

« Pourquoi moi ? Toujours moi ! »

On n'avait qu'à demander à quelqu'un d'autre, à Alix de Saint-André par exemple.

« Mais c'est impossible, me répondit la rédactrice en chef du magazine : Alix est malade. Elle est couchée au fond de son lit. »

Il y eut un blanc.

« Mais justement… moi aussi… Je suis dans mon lit ! »

Et là, sans qu'un soupçon de reproche ou d'incrédulité s'immisce sur la ligne, ma supérieure, contrite, me dit avec un entrain qui frisait les félicitations : « Oh mais alors… pardon… On va se débrouiller. »

C'était ainsi. Le magazine ELLE offrait à ses salariés un confort qui confinait à la luxure. Les réserves de notre lectorat autorisaient les reporters à se choisir des territoires confortables. Ainsi, il était entendu qu'on éviterait de me confier tout sujet où la lenteur, le bien-être, la plénitude enfantée par des postures de méditation prendraient place. En matière de spiritualité, je penchais pour les derviches tourneurs au détriment de toute introspection transcendantale. Il fallait que ça pète, que l'accélération se ressente ou bien encore que le tempo soit à la débâcle, à l'effondrement, aux lézardes et aux ruines. Dans un décor de poutrelles et d'embouteillages, sous des sheds d'usines suant le salpêtre et l'amiante, j'étais dans mon élément, mais la zénitude, les arcanes de la pensée réflexive, le va-z-y-mollo… *Nein danke!* Je passais la main et chacune faisait de même. Il faut savoir reconnaître ses forces et ses faiblesses. C'était une époque bénie.

J'avais, des années plus tôt, introduit dans le magazine un vieux camarade, un farfelu qui consacrait ses journées à concocter des jeux de société et des symphonies inspirés par les signes du zodiaque. Filiforme, solitaire, il ne passait jamais à la rédaction et l'une des rares fois où il s'y pointa, ce fut en short, comme je l'ai déjà signalé. Il avait fait du télétravail une réalité bien avant que ce concept n'envahisse nos entreprises. Grand voyageur au point d'avoir nommé son premier fils Ulysse, il expédiait d'Almaty au Kazakhstan ou de Luang Prabang au Laos ses chroniques, souvent rédigées à l'avance. Il nourrissait le projet de s'installer non loin de Trincomalee, sur la côte est de Ceylan, espérant une trêve dans la guerre que s'y livraient Tamouls et militaires bouddhistes dépêchés des casernes de Colombo. Hélas, les événements en avaient décidé autrement. Leslie, son meilleur ami, son prête-nom auprès des autorités locales, s'était noyé devant ses yeux à quelques dizaines de mètres à peine d'une plage édénique constellée de cocotiers, et ce drame avait anéanti son hors-champ asiatique. Il renonça à s'exiler. Il conserva pourtant son amour des très longues distances, errant parmi les constellations pour affiner ses prévisions astrales et continuer d'alimenter l'horoscope du magazine. Bien que physiquement absent des bureaux, il pouvait se targuer d'être le plus prolixe des pisse-copie de la rédaction. En quantité, il était imbattable. Chaque semaine, il livrait sa rubrique qu'il doubla bientôt d'une page de prédictions numérologiques et il ne fait aucun doute que si la demande lui en avait été formulée, il aurait repéré, rôdant dans le ciel cristallin, la fourbe conjonction des planètes qui devait pousser l'un d'entre nous au suicide et l'autre dans les affres d'une abominable maladie. Mais la fable du cordonnier mal chaussé trouva chez lui une illustration supplémentaire. Il ne vit pas grand-chose. Il arriva même qu'il se trompât à plusieurs reprises jusqu'à omettre dans ses prédictions ce qui le concernait directement et cela lui valut d'être, à mon avis, injustement licencié.

    Je fis moi-même les frais de ses imprécisions. Il s'offrit un jour de me dresser mon thème astral, proposition qui comme la Légion d'honneur ne se refuse pas. Il s'avéra que Cancer et par définition romantique, je pouvais encore me targuer d'un vigoureux ascendant Lion. À l'entendre, tout mon thème se trouvait compressé dans un secteur de feu, de fureur et d'énergie. J'allais bousculer les tables, j'allais déménager ! J'en tirais une certaine fierté, me découvrant au minimum conquistador. Les années filèrent et il se trouva, je me demande encore pour quelle obscure raison, que notre devin des étoiles s'aventura à me recalculer mon ascendant. Et là, au terme de quelques diagrammes ésotériques, il me dota d'une ascendance... Balance. Coup de tonnerre ! Je regardais soudain d'un œil fébrile la cohorte de mes fiancées qui pour la plupart étaient nées au mois d'août. J'avais enchaîné les passions léonines et, vu mon pedigree stellaire, cela m'avait toujours semblé dans l'ordre cosmique des choses et voilà que cette certitude se fissurait. À rebours, je ne comprenais plus grand-chose à mes actions passées et dès lors, fidèle aux arcanes et respectueux de celui qui savait les déchiffrer, je fus ascendant Balance. Je fis contre mauvaise fortune bon cœur, trouvant à ce nouveau signe quelques qualités. N'étais-je pas diplomate, peu enclin à goûter l'âpre saveur des conflits ? Je n'étais ni violent ni pervers, et sans chercher toujours à raboter les angles, je ne cherchais pas non plus à les rendre tranchants. Et puis je pouvais admettre que se terrait en moi comme une forme de lâcheté. Je souffrais d'anxiété. Dès qu'une discussion menaçait de s'envenimer, je la sentais couler de mon occiput pour prendre possession de mon estomac. Oh, cela ne m'arrivait pas avec n'importe qui ! Dans le cadre professionnel, je pouvais m'emplafonner des fâcheux en toutes circonstances et nos conférences de rédaction s'émaillaient bien souvent de discussions houleuses, mais il me semblait que dans le domaine privé j'optais pour une neutralité sans panache. J'évitais les engueulades, je me fâchais peu, j'ignorais les ennemis, ne m'en fabriquais pas à la pelle. Bref, Balance, cela pouvait m'aller.

S'il est vrai que l'astrologie a pour seul but de nous présenter l'économie comme une science exacte, le ELLE lui ouvrait depuis des lustres largement ses colonnes. Et voilà justement qu'un été le magazine publia un supplément encarté, facile d'usage et ludique, qui permettait aux lectrices et lecteurs de dresser par eux-mêmes et sans effort leur thème astral. Désœuvré et captif, je passai deux minutes à cet exercice dans le mitan d'une journée. Et là, quelle ne fut pas ma stupeur de découvrir que j'étais ascendant… Lion ! Je recalculai, persuadé d'avoir quelque part effectué un compte baroque, additionnant une fois de trop ma date de naissance avec je ne sais plus quoi, mais retombai sur la même évidence : Lion ! J'appelai l'astrologue et l'échange fut concis. Je rugis.

« Calme-toi ! Je recalcule. » Il me rappela. « Lion. »

Ce n'était pas la première fois qu'il se perdait dans la Voie lactée, ébréchant au passage quelques planètes en escadrille, mais se tromper ainsi sur l'identité précieuse d'un client qui était avant tout un ami ! C'était invraisemblable.

Et là encore, les années filèrent, rythmées par le destin pendulaire qui m'arrachait à la capitale pour me précipiter dans l'un de mes hôtels bruxellois. Fallait-il que je sois perdu pour qu'il me vînt un jour l'idée de demander au numérologue si ma relation avec mon Argentine était viable ? La réponse qu'il me fit est restée légendaire car il en profita, escroc génial, pour retomber sur ses pattes.

« Finirons-nous par vivre ensemble ? lui demandai-je d'une voix suppliante.

— Mais bien sûr. Regarde. Elle est Lion. Tu es ascendant Lion. Elle est ascendant Balance... Tu ÉTAIS ascendant Balance... »

Et voilà comment je sus que jamais mon Argentine ne quitterait son époux, ce en quoi je ne me trompais qu'à moitié car elle finit par en divorcer pour l'épouser de nouveau, vingt ans plus tard. Elle le quitta et puis revint, exactement comme le Lion m'avait fui avant de me ressaisir, et dans ses pattes et dans sa gueule.

Des erreurs, nous en fîmes. Le chemin de fer affiché sur les plaques de liège qui tapissaient un large pan de la salle des maquettes exposait à la vue de tous le numéro en cours de fabrication. Page après page, il se déployait et chacun pouvait croire que la moindre erreur dans la titraille, dans l'imposition des images, dans l'alternance des encarts de publicité, et que sais-je encore, serait repérée par l'un ou l'autre des secrétaires de rédaction et journalistes qui circulaient en permanence entre les bureaux. Eh bien non, nous n'étions jamais à l'abri d'une embolie et nul ne remarqua la regrettable substitution qui fit que l'on attribua en guise d'illustration à la vie romancée de Natalie Wood, l'héroïne de *la Fureur de Vivre* et de *West Side Story*, une somptueuse photo d'Esther Williams. Que la star des ballets nautiques, reine des plongeoirs et des bassins, ait surgi inopinément des tréfonds de l'iconothèque laisse songeur, comme si, barbotant entre deux eaux, portée par un courant dévalant des montagnes, elle s'était, d'un léger coup du talon sur un banc de sable, propulsée dans notre mécanique éditoriale. Au physique et dans la précipitation, les deux actrices pouvaient vaguement se confondre et sans doute une petite main inexpérimentée, l'une de ces mains de stagiaires qui viennent renforcer en été les équipes amenuisées par les départs en vacances, avait-elle commis l'irréparable : un mauvais classement, un choix fébrile, une bourde. On ne mesure pas à quel point l'introduction dans les services d'éléments extérieurs telles qu'étudiantes en recherche de stage, lycéennes timides placées là par piston et surtout intérimaires sous-payées et par voie de conséquence raisonnablement tire-au-flanc, peut apporter d'aléatoire dans le train-train d'une machine bien huilée. Il convenait d'en tirer les conséquences et de réintroduire un peu d'ordre dans les cales de l'entreprise, et puis, il n'y avait pas eu mort de femme ! La presse et notre lectorat s'en remettraient. Oui mais voilà, Natalie Wood, à la grande différence de la star des ballets nautiques, était morte... noyée. Suicide ? Que son décès ait été accidentel ou provoqué par l'un de ses amants qui à l'heure de sa mort titubait sur le ponton du yacht d'où elle devait choir, la justice ne put jamais le préciser, reste que pour l'éternité Natalie Wood, à défaut de bois flotté, but la tasse et ce fut la dernière. Telle une souche dont elle portait le nom, l'actrice dont les pommettes et les lèvres se superposaient à celles de mon Argentine exilée en Belgique avait sombré. L'écho du visage de l'une dans le visage de l'autre a fait de cet incident un marqueur de ces années, indélébile en dépit des vagues et des courants. Pour le reste, quelle importance ! Natalie Wood, Esther Williams, on s'en moquait au demeurant. Ce n'était pas la première fois que le processus de décision au sein du magazine se trouvait chahuté, et si cela branla dans le manche, si certaines plus que d'autres se firent remonter les bretelles, on passa vite à autre chose. Moi-même, qui au fil des années devenais de plus en plus dyslexique, j'avais constaté qu'il suffisait d'inverser deux lettres pour dire radicalement le contraire de ce que l'on désirait exprimer. Ainsi signer et singer se tenaient par la culotte et quand on voulait signifier qu'un artiste avait signé sa plus belle œuvre, on se retrouvait à soutenir qu'il l'avait singée, plagiant le travail d'autrui. C'était fâcheux.

L'éditing, ce service dédié à la relecture des textes en instance de publication comme à la fabrication des titres et intertitres qui donnent au magazine sa couleur et son ton, fut encore pris en flagrant délit d'erreur épouvantable quand Jane Birkin, interviewée par deux pigistes, déclara que plus le temps passait moins il était loisible en France de parler de choses délicates, ce en quoi elle exprimait une opinion que le développement de la société tout entière viendrait d'un même mouvement confirmer et mettre à bas, tant il est vrai qu'aujourd'hui il semble entendu qu'on ne puisse plus rien dire quand dans le même temps les réseaux dégueulent de propos homicides ; bref, Jane résuma sa pensée en disant « Aujourd'hui, on ne peut même plus dire "O.B." », songeant au fait que parler de tampon hygiénique était encore, et cela le demeure sur les bords, de la dernière incongruité. Voilà que le décryptage de l'interview atterrit sur le bureau du responsable de l'éditing, par ailleurs joueur de bridge et de poker de première force. Et que lit-il ? « On ne peut même plus dire "ob" », oui "ob", écrit ainsi sans points derrière le *o* et le *b*. Le responsable en charge de la relecture se gratte le crâne, hésite, réfléchit. Ob ? Il se triture les méninges, mâchonne son stylo et soudain, traversé par cet éclair qui élucide tout, écrit : « Aujourd'hui, on ne peut même plus dire "zob". » Scandale à la parution. C'est une Jane écorchée qui appelle la direction, ce qui au regard de sa carrière et de ses facéties gainsbourgiennes paraît très excessif, mais enfin, chacune évolue comme bon lui semble. Anne-Marie Périer, directrice du journal, prend fait et cause pour la chanteuse, déboule dans le bureau du coupable, une boîte de tampons à la main qu'elle lui jette à la figure. Inutile de dire que tout erratum n'eût fait qu'attirer l'attention de toutes et tous sur ce regrettable cafouillage, et Jane est ainsi passée à la postérité pour avoir aussi soutenu qu'aujourd'hui on ne pouvait plus dire « zob », ce qui est bien possible dans un monde où pas une journée ne se passe sans qu'un individu tout en subtilité vous signifie qu'il s'en bat les couilles. Tout de même, il aurait eu de l'allure, cet erratum. « Dans l'interview de Jane Birkin publiée dans notre n° X de la semaine passée, il fallait lire non pas "On ne peut même plus dire 'zob', mais 'O.B.'. » Oups! en quelque sorte. Quand, jeune et touriste en Allemagne, je voyageais avec mes parents, j'appréciais de voir trôner au-dessus des gares routières un gigantesque mât frappé des trois lettres Z.O.B. pour Zentral Omnibusbahnhof.

Si l'exactitude nous fit parfois défaut, le style ne fut pas non plus toujours au rendez-vous. Cela ne transpirait pas dans nos pages car, sans discontinuer, des soutiers pelletaient les contresens, les adverbes surnuméraires et les enclumes syntaxiques. Il fallait peigner la copie, lustrer les phrases et cirer, nettoyer, raturer, réécrire puisque certaines journalistes reconnues écrivaient au hachoir, d'autres comme on se parfume et d'autres encore comme on s'égare. Des imposteurs des deux sexes, j'en côtoyais donc un certain nombre. Pressés de rédiger trois feuillets, ils en rendaient sept sans queue ni tête, décuplant le travail des anonymes qui trimaient pour transmuer leur brouet en un devoir acceptable. Leur identité demeurera un secret d'entreprise. Reste qu'en dépit de tous les efforts de nos sauveteurs, les faiblesses de leurs écrits sautaient aux yeux des lectrices attentives, quant aux autres, leurs consœurs, elles s'en contrefichaient car, de même que les professionnels de la télévision ne la regardent pour ainsi dire jamais, de même les salariés du magazine négligeaient d'en suivre le cours. Ils avaient bien d'autres choses à écrire, des piges pour la concurrence, des dossiers de presse pour des agences de communication, des livres « événement ». De temps à autre, cette désinvolture leur pétait au visage quand l'un ou l'une, prenant la parole au cours d'une conférence de rédaction, suggérait de lancer une enquête sur un sujet qui – ah c'était ballot! – se trouvait justement publié dans le numéro de la semaine. Malaise. Cela jetait comme un froid et il me semblait que nous jouions, à notre échelle microscopique, l'affrontement magnifique au cours duquel maître Floriot et maître Isorni, deux titans des prétoires, s'étaient heurtés dans les années 90. Le premier venait de publier un livre intitulé *Les Erreurs judiciaires*, que son adversaire, dans un grandiloquent mouvement de manches et devant le procureur, le juge et tout le public ébahis, lui avait balancé sur sa table, déclamant, sardonique : « Maître Floriot, quand on écrit un livre sur les erreurs judiciaires, il faut au moins le lire!» Sans être judiciaires, nos erreurs étaient patentes mais l'omerta tenait lieu de consigne, on se contentait de peu et, grâce à cela, les valeurs de la profession pouvaient parader dans les festivals et tenir le crachoir à la tribune des grands-messes du reportage, à Paris, Perpignan, Bayeux, et plus encore dans nos séminaires, auréolées toujours de la marque ELLE, subjuguant les publics férus de récits de guerre, de tsunamis et de désolation sociale. Cette touche de fard sur le visage de la misère procurait des frissons.

Je me targuais de ne pas être réécrit, ni de face ni de profil, et moins encore dans mon dos. Mais s'il arrivait qu'une secrétaire de rédaction me signale une erreur factuelle ou de syntaxe, et cela ne manquait pas, je l'en remerciais du fond du cœur car j'admettais que toute incompréhension pouvait se révéler fille de mes incompétences. Toutefois je bataillais contre les coupes et les reformulations ineptes et quand il arriva que l'on fît dire à l'une de mes phrases le contraire de ce qu'elle voulait exprimer, j'en fis toute une histoire. Loin d'ameuter les chefs de service ou je ne sais quelle instance suprême, je pris mon téléphone et annonçai à la coupable, une talentueuse écrivaine qui publiait alors aux Éditions de l'Olivier, que je venais de m'acheter une hache et que désormais je la traquerais dans les couloirs. Et elle le crut! Aujourd'hui que le djihadisme assassine des enfants, décapite et poignarde des professeurs, sa terreur alors comique, hélas, serait plausible. Je me souviens encore qu'il m'arriva, pour avoir écrit « c'est une ville où l'on respire mieux qu'ailleurs », qu'une secrétaire de rédaction m'appelât pour s'assurer de la qualité de l'air dans la municipalité visée. J'en fus consterné et dus batailler pour défendre ce que l'on pourrait considérer comme une « licence poétique ». Je me souviens surtout que, pour avoir encore décrit la startuppeuse chinoise qui avait révolutionné le marché des rencontres matrimoniales comme « une étudiante à lunettes », je fis l'objet d'une charge en règle. Cette formulation était jugée « sexiste et désobligeante ». Je m'insurgeai jusqu'à ce que ma contradictrice, déposant les armes, me dise, désarmante à son tour : « C'est sans doute mon côté moche qui m'a rendue paranoïaque. » Ce n'était pas toujours facile pour les femmes dont la plastique ne collait pas à celle des mannequins de nos pages mode et beauté de travailler au ELLE en toute décontraction. Elles devaient ressentir comme une pression dont elles ne se délivraient que par ces gestes trompe-la-mort : « Garçon, remettez-nous ça! » Et il est vrai que, de temps à autre, l'alcoolisme chez nous se poussait du col et cela titubait dans les coulisses.

Combien de caisses de champagne furent livrées par coursier à l'une ou l'autre de la rédaction et quelquefois jusqu'à mon humble bureau ? En ces temps bénis où le lectorat bourgeonnait de semaine en semaine, la déferlante des cadeaux ne cessait d'éclabousser nos comptoirs. Dans les jours qui précédaient les fêtes de fin d'année, les rédactrices de mode étaient submergées de présents, et comme l'avait dit un jour Jean Demachy, alors directeur du magazine : « Il faut, pour avancer dans le bureau, lever très haut les pattes. » Enjamber des amoncellements de cartons à chapeau, de boîtes échevelées de bolduc, éviter d'écraser les flacons de parfum qui semblaient croître de la moquette, tel était l'exercice imposé à quiconque pénétrait dans le sacro-saint cloître des rédactrices en charge de l'ère du temps. Les sacs, les foulards, les rouges à lèvres, les chaussures s'empilaient en ziggourats et s'effondraient parfois en avalanches. Je ne sais au juste si les nanties des services mode et beauté en faisaient profiter les petites mains qui, rivées à leurs bureaux, demeuraient inconnues des mécènes et des grandes maisons. Olivia de Lamberterie, qui dirigeait le service livres, et le dirige toujours dans le ELLE d'aujourd'hui, déposait, elle, dans le couloir, des monceaux d'ouvrages à saisir. Elle faisait ainsi le bonheur de celles qui n'avaient pas la chance d'être comme nous autres signataires d'articles, cajolées par les bonnes maisons. Certaines en abusaient. Me revient l'image de cette consœur qui, écrasée par la pile de bouquins qu'elle entassait contre sa poitrine, lâcha, émerveillée et même goulue : « Ça y est ! J'ai tous mes cadeaux de Noël ! »

Elle n'était pas la seule à se servir sur la bête et lors d'une séance de photos, Jacques Dutronc, que je venais d'interviewer dans un bistrot du 17e arrondissement, réclama sa part avec sa nonchalance légendaire. Durant notre entretien, rescapé de je ne sais quel effet torpille dû à l'alcool, il avait siroté des Vichy-menthe sous les quolibets de deux de ses amis pousse-au-crime mais là, dans le confort ouaté de ce studio de prises de vue, il arborait son demi-sourire enjôleur pour la plus grande joie de l'assistance. À la toute fin de la séance, alors que les machinos remballaient le matériel sous l'œil vigilant du photographe Jean-Marie Périer, Jacques avait lancé à Anne-Marie Périer, présente elle aussi dans le studio : « Y garde la ch'mise ? » C'était une chemise de chez Charvet, prêtée pour le shooting. J'avais trouvé cela un peu en deçà de la splendeur déchue de cette icône du désœuvrement dont l'interview rendait compte, ton décalé, déballage irrespectueux mais fraternel et même littéraire. L'article s'achevait ainsi : « Fataliste, Jacques ? » En attendant, et fidèle à la règle du jeu célèbre « Jacques a dit », comme il avait dit, il empocha sa chemise.

Nous vivions sur un grand pied. Les finances du magazine étant florissantes, une resserre à champagne occupait tout un bureau à l'étage. Dans l'euphorie générale de cette époque qui plia du genou en 1991 quand la guerre au Moyen-Orient s'invita au JT, c'était alors une prouesse, signée par Marité, l'assistant d'Anne-Marie Périer et mascotte du journal, que de réussir à trouver presque chaque soir une bonne raison de faire péter une roteuse. Le fait est que le champagne coulait à flots et c'était une forme de soulagement pour nous qui avions connu – qui s'en souvient? – une période atroce où il fallait ingurgiter une flûte de Carlton, boisson « *in* » dite encore « champagne de pêche ». À la fin des années 80, dans ce qu'on pourrait résumer par « les années de la 5 », la chaîne de télévision privée lancée par le duo Berlusconi/Hersant et reprise ensuite par Hachette avant de disparaître, la gabegie était la règle. Notes de frais pyramidales, train de vie somptuaire, le *show off* et le *supersize me* semblaient voués à prospérer indéfiniment. Et donc, dans le décor déprimant de notre immeuble de Levallois-Perret, les bulles frisaient dans les coupes, les coupes s'entrechoquaient et l'euphorie couperosait les visages tandis que les démarches se faisaient chancelantes. Ce fut Alix de Saint-André, l'une de nos grands reporters, qui introduisit le whisky dans nos libations. Elle ancra le magazine dans une forme ludique de refus des tyrans oppresseurs. Dans la foulée de l'invasion du Koweït par l'Irak en 1991, elle prit l'habitude vers les 18 heures de s'écrier « *Saddam time!* » en brandissant sa bouteille de scotch dont elle partageait le contenu avec nous tous, c'est-à-dire avec toutes et moi. Nous ignorions qu'un jour s'attabler à une terrasse de bistrot pour défier, le temps d'un apéro, les terroristes islamistes passerait pour de la résistance.

Cette ivresse des beaux quartiers, ce supplément de détente offert à toutes celles qui traînaient encore dans les bureaux en fin de journée, cachait une part d'alcoolisme mondain qui minait les équipes et plus sûrement foies et pancréas. Fatalement, certaines qui carburaient au champagne glissèrent doucement vers l'overdose. Cela se produisit en dépit des tentatives, toutes avortées, pour en repousser l'inéluctable conclusion et, pour finir, le mélange d'alcool et de substances diverses fut fatal, hélas, à celle dont le bureau jouxtait le mien dans la grande salle des reporters. Aujourd'hui encore, le souvenir de son bel accent anglais me serre le cœur. Un drame de famille en quelque sorte et anachronique en grande partie car, dans sa globalité, le milieu de la presse s'arrachait peu à peu au fléau de cet alcool qui si longtemps avait fait corps avec la pratique du métier. On racontait qu'autrefois, à *Paris Match*, un rédacteur commençait la journée les deux jambes glissées sous son bureau pour la terminer de guingois, les jambes calées à l'extérieur, l'espace intérieur étant alors occupé par les canettes de bière déposées au fil des pages qu'il noircissait. Si l'alcoolisme et le tabagisme refluaient, la cocaïne semblait avoir le vent en poupe. On en parlait beaucoup mais je n'ai jamais vu de poudre traîner sur nos tables. En revanche j'avais vu l'un de mes compagnons de voyage traîner sa grande carcasse entre *soft drinks* et rasades de café noir. Je le savais tenaillé par le démon de la bouteille et j'admirais sa soudaine sobriété. Il tenait bon mais pour qu'il puisse échapper à la rechute, il lui fallait un environnement favorable, or celui-ci nous fit défaut à Quito, en Équateur. Nous poireautions dans l'aérogare quand, victimes d'un surbooking, nous comprîmes que l'avion qui devait nous ramener à Buenos Aires puis à Paris nous laisserait sur le tarmac. Il croulait déjà sous la pression des voyageurs désireux d'y occuper un siège et si l'on se bouscula ferme devant le comptoir de la TAM, ce fut sans succès car, pour finir, nous fûmes perdants. Nous dûmes regagner, l'esprit en berne, un hôtel de convenance pour nous y enfermer vingt-quatre heures. Dans le taxi qui nous y menait, le photographe, saisi d'un tremblement cirrhotique, me fit part de son projet : il allait boire et boire encore. Le minibar allait le sentir passer. Je compris que toute alternative à cette pulsion destructrice s'avérerait d'une totale ineptie. Il fallait le laisser sombrer et nous gagnâmes nos chambres respectives. Je somnolais sur mon lit devant un match de football local, Cruz Verde contre Tapioca ou je ne sais quoi, quand il frappa à ma porte. Furibond, il me prit à témoin de l'amoralité de nos semblables. À l'entendre, des individus sans foi ni loi, dénués du moindre sens éthique, avaient vidé les bouteilles de gin et de vodka avant de les remplir avec de l'eau pour ne pas en payer la note. Et c'était lui qui maintenant en subissait la double peine. Il lui faudrait payer pour du vent et, pire encore, se passer du remontant dont il se faisait une fête, et, disant cela, maugréant, maudissant, il lorgnait vers mon propre minibar dont les flacons lui faisaient de l'œil. En bon camarade, je lui en ouvris la porte. Il se payait ma fiole en quelque sorte.

Il est temps désormais d'entrer dans le dur, d'aborder le rivage doloriste, de parler de Jean-Dominique Bauby. Pour prendre ses fonctions de rédacteur en chef du magazine, lui qui devait de sa paupière écrire *Le Scaphandre et le Papillon* avait lâché les pages de *Paris Match*. Sa silhouette de léger pachyderme l'avait précédé dans les couloirs et il nous fallut un temps pour mesurer toute la finesse de son esprit. En vérité, le drame qui allait le frapper nous fut comme annoncé dès la première semaine et d'une manière inattendue. Désireux de prendre ses marques dans notre équipe, il décida qu'un dîner se tiendrait en présence des grands reporters du journal, Michèle Fitoussi et moi-même. Particularité, il fixa d'autorité le lieu de rendez-vous non pas dans un quelconque restaurant ou bien chez lui, mais chez Alix de Saint-André, autre grand reporter en poste. Et c'est ainsi que, le soir venu, nous le vîmes débarquer les bras chargés de deux bouteilles de vin dans le bel appartement du quai d'Orsay qu'occupait ma consœur. Le dîner fut pour le moins étrange. Se serait-il agi d'une étape du Tour de France que nous l'aurions qualifiée de faux plat. Tandis que nous nous attendions à une remise en cause de nos façons de travailler, à l'exposé de

Tenir la rubrique « Tendances » du magazine relevait du sacerdoce. Il fallait oser tous les sacrifices, comme celui de prêter notre corps et de jouer les mannequins. Ici, photographiés par l'excellent Patrick Swirc, Michèle Fitoussi et moi-même sommes à « croquet ». En vérité, ce sport ne rencontra pas l'enthousiasme du public. Ce fut pour Michele et moi, autoproclamés « les rois de l'enquête », une de nos très très rares erreurs de jugement comme vous pouvez l'imaginer.

consignes et de choix éditoriaux, il n'en fut rien. Jean-Do ne parlait de rien qui pût avoir une quelconque relation avec le magazine. Il semblait indifférent aux questions qui auraient pu faire tache dans notre petite assemblée. Pour finir et sans que rien de professionnel ait été ne serait-ce qu'effleuré, il s'enfonça dans un fauteuil autour duquel nous prîmes place et nous fit cette déclaration surprenante : « Mon père était dépressif, je suis dépressif, et quand je regarde mon fils de 5 ans, je me dis que lui aussi sera dépressif. » Et sur ces mots il se leva, enfila son manteau et partit. Nous demeurâmes, un moment, interloqués par ce surgissement macabre, et pour nous remettre, nous fîmes un sort à une troisième bouteille tirée de la cave maison.

Sous son règne, je connus une période de relative félicité durant laquelle, bénéficiant de son regard bienveillant, je pus mener ma barque à ma guise. Titulaire d'une rubrique intitulée « Ce qu'il faut savoir pour avoir l'air au courant », j'enchaînais les mini-enquêtes, les placements de produits absurdes, les reniflages tendance. Une ville mise en lumière par deux ou trois faits divers, des sabots finlandais, un terme exaspérant repris à foison par la bulle médiatique, une demi-vedette et un conseil minceur se bousculaient au fil des semaines, agrémentés de commentaires primesautiers. Nous en étions encore à la préhistoire des influenceurs dont j'étais un embryon. Michèle Fitoussi vint bientôt m'épauler et ce n'est pas sans une certaine griserie que nous traversions la capitale sur mon scooter en nous proclamant « les rois de l'enquête ». Et puis l'ample latitude dont nous bénéficions heurta les visées hégémoniques du patron. En vérité, je le soupçonne d'avoir été la proie de sa fibre autodestructrice. Jean-Do était de ces êtres dont on ne peut présager l'humeur. Un jour avenant, le lendemain glacial. Il pouvait vous croiser dans un couloir et vous prendre dans ses bras comme il pouvait vous ignorer, progressant le regard fixé sur les plinthes en alu qui bordaient la moquette. Il tenait du poisson froid. Lui qui m'avait remis les clefs de la rubrique vint donc un jour me les retirer. Il avait pris ombrage d'un déplacement qu'en commun Michèle et moi avions effectué à Deauville. Le Salon de l'entreprise ou quelque chose d'approchant s'y déroulait et nous y avions flairé un bon sujet de rigolade et, de fait, nous ne fûmes pas déçus puisque, à peine entrés dans l'antre de cette foire au management et au marketing, nous captâmes cet échange remarquable :

« Peut-on dire que le DRH est un homme de la direction ?

— Ce qui est certain, c'est que le DHR *reports* au président. »

Président lui-même, il décida donc de clôturer la rubrique. J'en éprouvai un déplaisir certain mais choisis de tenir bon. « La vie est courte mais qu'est-ce qu'elle est large », avait dit Jim Harrison. Je regardais ailleurs, fortifié de cette règle qui veut que les traversées du désert soient des épreuves à surmonter « sans espoir ni crainte », pour paraphraser Spinoza. Le temps passa.

Oserais-je dire que mes convictions morales m'assurèrent un bien-être parfait ? Non. Car vint mon tour de dévisser. Je fus la proie d'un ramollissement général, d'une perte d'appétit pour ce qui motivait hier mes engouements. Une spirale de morosité vint bientôt m'aspirer et le cafard que je transbahutais transpira dans mes articles. Ma vie amoureuse était une catastrophe. J'enchaînais les erreurs, fonçais dans les impasses. Cette lente dégradation psychique culmina à Tunis, où le roué reporter que j'étais trouva l'occasion de se faire voler son portefeuille au beau milieu du souk. Je l'avais sciemment enfourné dans la poche extérieure d'un ridicule gilet de photographe, double niaiserie qui devait aboutir à ce que je rechercherais sans doute, une perte d'identité.

Délesté de mes cartes de crédit, de mon passeport et de quelques billets, j'agis avec la plus grande désinvolture. Je ne fis rien. Loin de déposer plainte auprès d'un commissariat, j'attendis, écervelé, le jour du retour, et quand je fus stoppé à la douane de l'aéroport, où le fonctionnaire de service me demanda de lui présenter mon passeport, je répondis avec une candeur imbécile qu'on me l'avait tout simplement volé. J'imaginais alors, dans mon délire, qu'on me laisserait passer puisque mon sac était déjà en soute. Refoulé, sans un sou et sans papiers, je suivis des yeux ma compagne qui gagnait la carlingue. Elle devait en avoir soupé du cinglé que j'étais devenu. Quel couple nous formions! Un indice pourtant de notre dissonance aurait dû me mettre la puce à l'oreille. Dès notre première soirée, cette jeune femme au nom slave m'avait avoué ne jamais avoir connu d'orgasme. C'était pour moi une première. La franchise veut que je précise qu'en dépit de mes efforts réitérés rien dans sa condition ne changea. J'échouais jour après jour, nuit après nuit. Si bien qu'il me vint à l'idée que j'avais avec elle atteint la limite de ma déchéance et qu'à poursuivre ainsi je courais au désastre.

Inapte désormais à reconnaître chez l'autre la personnalité qui s'accouplerait avec la mienne, je risquais l'embardée. Sans jugeote, sans ressort, je me néantisais. Qu'est-elle devenue, celle qui m'avait abandonné sans même se retourner pour m'adresser un dernier salut, un ultime regard dans le terminal de Tunis ? A-t-elle enfin croisé celui ou celle qui la délivrerait de sa frigidité ? Je ne l'ai jamais revue. Reste que, durant cette phase aiguë de mortification, ma production journalistique fut désolante. Je me souviens d'interviews d'acteurs dont je ne tirais que des phrases creuses, des banalités et, pire parfois, des aveux mortifères, comme cette fois où Daniel Auteuil m'avoua qu'il « était ennuyeux », probablement gagné par ma morosité. Ennuyeux ? Cela ne ferait pas un titre ! « Un drame, c'est la vie de n'importe qui dont on a retiré les moments ennuyeux », avait dit Alfred Hitchcock. Il faut croire que j'avais perdu le sens de l'élagage et, loin de s'évanouir, les plus fastidieuses pensées se bousculaient à ma table. J'attirais le morne, je traquais l'insipide. Ah, comme j'étais loin de cette période bénie où, alors que j'interviewais dans le salon de l'hôtel Lancaster la jeune et belle cinéaste Camille de Casabianca, le serveur nous avait demandé notre numéro de chambre. Je devais alors déborder de finesse et de testostérone, mais cette période ne tarda pas à s'éloigner. Une atonie lui succéda, s'étira, et de cette parenthèse je garde bien peu de souvenirs. Me revient tout de même ceci qui parfume ma glissade d'un fumet gore. Comme je demandais à un comédien américain dont j'ai oublié le visage et le nom quelle avait été la plus absurde question qu'on lui ait jamais posée, il répondit : « Quatre journalistes japonais sont entrés dans la pièce où je les attendais. Ils se sont assis et le premier d'entre eux m'a demandé d'une voix très inquiétante : "Quel est votre groupe sanguin ?" J'ai immédiatement baissé les manches de ma chemise. » Personnellement j'étais exsangue et j'aurais dû faire naufrage si le grand timonier n'était intervenu à temps. Un matin, la secrétaire de Jean-Do m'informa que celui-ci m'invitait à déjeuner. Il me convoqua dans un bon restaurant de Neuilly et nous étions installés face à face, lui sur une chaise, moi sur la banquette, les mains posées sur la nappe blanche, quand il me dit de sa voix délicate : « Ce que vous faites en ce moment, ce n'est pas bon. » Je ne pouvais le nier mais l'entendre m'avait refroidi. « Quand je vous lis, je me dis : Trétiack, il n'a pas peur. » Ce fut une phrase décisive car non seulement elle était juste mais elle fut curative comme aurait pu l'être sous les auspices de quelque griot la crémation lente d'une patte de crapaud badigeonnée de pili-pili. Oui, le désabusé que j'étais, le dépressif, le ramolli donna du pied au fond de la piscine. Comme il avait raison. Le conformisme n'était chez moi qu'un bouclier, j'avais creusé ma tranchée pour ne plus en sortir, et si le standing y était minimal, si les murs suintaient et que le soleil n'y dardait que de minables rayons, j'y étais à l'abri. De cette coquille, et grâce à lui, je finis par m'extraire.

Quand Jean-Do fut hospitalisé à Berck, frappé par cet épouvantable *locked-in syndrom*, je lui rendis visite. Je lui en avais demandé la permission. Je désirais lui rappeler une fois encore tout ce que je lui devais. Ce fut une épreuve dont je revins vidé comme on peut l'être après une agression, un deuil inopiné, un accident de voiture. J'avais égaré ma carte de crédit sans le souvenir d'en avoir fait usage, je tremblais et ne conservais de cette heure et demie passée en sa compagnie dans sa petite chambre maintenue dans la pénombre que la phrase avec laquelle il m'avait accueilli, phrase clignée lettre à lettre d'une paupière, et qui forma sur mes lèvres cette question perlée d'un humour macabre : « Peut-on survivre… à Marguerite… Duras ? » L'auteur des *Petits chevaux de Tarquinia* et du *Vice-consul* venait de mourir et Jean-Do, quoique momifié, conservait sa finesse d'esprit et sa vitalité. Me restent l'image d'un œil perçant, débordant d'intelligence, et ma culpabilité, au sortir de cette chambre d'hôpital, de ne pas lui avoir demandé s'il me fallait encore faire, pour lui, quelque chose, baisser un rideau ou relever un store peut-être, oubli qui ne cesse de me torturer. Sa situation accablait toute la rédaction et si le magazine continua sur sa lancée, toute son équipe titubait. Aussi, quand la directrice du journal, Anne-Marie Périer, se permit une plaisanterie à son sujet en ajoutant « Il faut se marrer de tout », nous en fûmes tous soulagés car elle avait raison, il faut rire quand on le peut encore.

Si j'ai brocardé l'écriture encalminée de certaines de mes consœurs, je ne m'exclus pas de la vindicte car je crois mériter, moi aussi, les jets de tomates, les insultes calibrées et les quolibets. Je me reconnais quelques points faibles et il n'est pas impossible qu'un regard extérieur, acéré voire cruel, en discerne de plus croustillants. Je me contenterai d'avouer ceux-ci. Pour commencer, une totale incapacité à retenir les noms des acteurs américains et même français, une inappétence absolue pour les charmes et les facéties des monarchies diverses, monégasques, italo-germaniques, bataves et pschitt. Pire, les ébats, les coucheries, les couples qui se formaient et se déformaient en rafales me passaient sous le nez avec une régularité stupéfiante. Je ne voyais rien. Je n'apprenais que par accident ce qui se tramait dans les alcôves. La gent masculine étant raréfiée en nos bureaux, il était naturel que les journalistes chassent à l'extérieur pour y dégoter la perle rare. Pour les homosexuelles présentes dans nos rangs, c'était évidemment plus simple et plus d'un couple de « mauvaises filles », comme on le disait du temps de Rodin et de Proust, s'était formé en interne. De ces unions-là j'avais une très vague connaissance mais pour les autres, rien. Le *gossip*, la rumeur, les pages people, ce n'était pas pour moi et quand bien même j'aurais gagné soudain des épaules et du torse, bardé de muscles à force de fonte soulevée, je n'aurais jamais obtenu de place de videur de boîte de nuit. Il faut être physionomiste et moi je ne voyais rien. Je dois avouer en sus une cécité chronique devant les coucheries générales. Sur ce point, j'ai toujours retardé d'une rupture, persuadé de l'union éternelle d'unetelle avec machin quand j'apprenais, par hasard, qu'elle fricotait avec tel autre, et depuis deux saisons. Pour un journaliste, cela frisait la faute professionnelle. Il nous est recommandé d'observer le monde, d'en épier les soubresauts comme on pilote un gros cube, l'œil détaché du premier plan, voletant aux alentours pour flairer les écueils et mieux les éviter. Je ne flairais pas grand-chose, du moins sur ce registre et quelques autres encore. Lors d'un reportage à Kuching sur l'île malaise de Bornéo, je m'étais retrouvé flanqué d'un photographe désireux d'explorer les environs de l'hôtel. Nous en étions sortis dans un silence de sieste nationale. En cet accablant début d'après-midi, l'air opaque nous engluait et dans la poussière que des vents tourbillonnants soulevaient, des myriades d'insectes crissants se bousculaient dans un pandémonium d'élytres. Nous marchions sous le cagnard à la recherche d'une tonnelle, d'un brin d'ombre et d'un débit de boissons, quand l'unique véhicule en vue fonça sur nous et pila sur nos tongs. Son conducteur en surgit et d'un mouvement saccadé du bras gauche nous intima de grimper dans sa guimbarde. Nous étions « dingues, complètement dingues », de circuler ainsi. Nous n'étions donc pas au courant du couvre-feu imposé par les militaires en ce jour de dépouillement électoral ? Des militaires dont la consigne était de tirer à vue sur les contrevenants ! Eh bien non, nous n'étions pas au courant. Voilà comment nous gérions les scoops, nous autres, en nous mettant en scène, torse déployé face aux fusils de la répression indigne. On aurait pu voir dans notre témérité la volonté de braver les interdits de la junte, en somme, un professionnalisme admirable, mais il ne s'agissait là que d'une absence totale de *feeling*, de la connerie pure et simple. Nous rentrâmes siroter une Lion Stout dans la clim de l'hôtel. Sur l'écran de télé, calée derrière le bar, la grande machine de l'information allait de l'avant, bottes et clairons secouaient les insulaires, des drapeaux ondulaient sur des bâtiments à colonnes comme se déhanchaient, à deux pas, les vagues en mer de Chine, ça, c'était du reportage.

Sans être à proprement parler atteint de prosopagnosie, ce trouble de la reconnaissance visuelle qui rend aveugle aux faciès les plus communs, je suis loin, très loin d'être physionomiste. De ceux que je croise, je mémorise des quantités d'informations, mais celles qui relient les traits d'un visage au nom de son propriétaire m'échappent irrémédiablement. Aussi mon ordinaire est-il de sourire bêtement aux individus qui, me trouvant par hasard, m'envoient des coups de chapeau, me saluent des deux bras, m'arrêtent et me demandent comment je vais, où j'en suis (mais de quoi?), et me quittent en me laissant dans une épouvantable incertitude, supputant en pure perte. Passe un temps où je vacille jusqu'à ce que, soulagé, je cale aux forceps l'inconnu dans un univers enfin reconstitué. Quelques jours encore et soudain, traversé d'une illumination, je mesure mon erreur. X n'est pas X et moins encore Y, Z peut-être...? Ce qui m'exaspère le plus dans ces situations, c'est qu'il me suffirait d'un indice minuscule pour voir soudain la fiche signalétique de mon vis-à-vis se dérouler, limpide, dans mon esprit. Livrez-moi ce détail et tout me reviendra, de l'identité, du statut marital, de la profession de celui-ci, de cet autre ou de ceux-là.

Mais là encore j'exagère. Car, en vérité, demeure toujours une part de ce grand flou qui noie les circonstances de notre dernière rencontre. Où nous sommes-nous croisés ? Et chez qui ? Et pourquoi ? Mystère. À l'aune de celui qui, surgissant au hasard, reste pour moi un parfait étranger, tous ceux qui furent témoins de nos échanges, qui participèrent à un dîner, à un débat, à l'événement qui nous mit en présence, s'évanouissent. Il ne me reste rien. La confusion règne et désole.

À cette faiblesse je me suis fait. J'admets que je ne serai jamais le fin limier qui dénoue les intrigues, celui qui, piochant dans la bibliothèque de ses souvenirs, retrouve l'indice qui désigne le coupable. Jamais ce Sherlock Holmes qui, à la vue d'une trace de boue sur un derby, confond l'assassin et lui passe les menottes. Peut-être, avec un peu d'effort et, plus encore, de chance, pourrais-je y prétendre, mais ne me demandez pas le nom de celui que j'arrête, il m'échappe ! À deux reprises, j'ai été pris en flagrant délit d'ignorance crasse par des stars que tout le monde connaissait et reconnaissait, tout le monde sauf moi.

J'avais rendez-vous avec Emmanuelle Béart, au théâtre de l'Atelier à Montmartre. Je l'avais rencontrée autrefois, et cela ne me déplaisait pas de la retrouver. C'était avant qu'elle ne s'injecte ce calamiteux botox dans les lèvres, avant qu'elle n'en fasse le désolant et même poignant récit à Valérie Toranian, avant surtout que la couverture du ELLE du 5 mai 2003 ne propulse notre magazine au firmament de la célébrité. Là, dans l'objectif de la photographe Sylvie Lancrenon, Emmanuelle, agenouillée dans les vagues, la poitrine et la croupe en majesté, fut élevée au statut d'icône de la sexytude, pour paraphraser notre Vierge socialiste, Ségolène Royal. En attendant, elle patientait, assise sur un banc devant le théâtre, et comme à l'accoutumée, ayant calé ma BMW sur un trottoir, je m'apprêtais à la retrouver dans une loge ou dans la salle du théâtre même. Je passai devant elle, la dévisageai et poursuivis mon chemin jusqu'à ce que je l'entende m'appeler de sa voix un peu rauque : « Vous êtes Philippe Trétiack ? » En effet, je l'étais. Une autre fois, je pénétrais à l'hôtel Costes, rue Saint-Honoré à Paris. Monica Bellucci était à l'affiche d'un film assez confus dont il ne me reste pas grand-chose si ce n'est des bribes d'imbroglio policier déroulées dans le décor sordide d'un foyer d'orphelins perdu en Sibérie. Un attaché de presse m'accueille. Il me conduit dans une suite du rez-de-chaussée. Une première porte, un premier salon, et là une femme brune est assise sur un canapé. Je m'approche, prêt à saluer l'actrice quand on me fait comprendre qu'il y a erreur, que la jeune femme est ici une assistante du bureau de presse, et déjà s'ouvre une seconde porte et le manège reprend. Une nouvelle méprise vient faire écho à la précédente, je me trompe, je m'avance, je m'arrête, je comprends et me voilà poussé vers un troisième salon où patiente une femme dont la teinte des cheveux ne me dit rien qui vaille. Alors, taiseux, je patiente puis m'assieds comme on m'y engage et, l'œil rivé sur la porte suivante, j'attends qu'on daigne enfin me mettre en présence de la star. Mais rien. Juste un silence qui s'épaissit, et voilà que, relevant la tête, il me vient une sourde angoisse. Et si cette femme silencieuse face à moi était… Mais oui ! Et Monica Bellucci me dévisage et me demande à son tour si par hasard je ne serais pas « Philippe Trétiack ? ».

Bon, je reconnais que dans ce dernier cas, un faisceau d'éléments est venu corrompre mon jugement. Je la voyais blonde, ou brune ou auburn, à vrai dire je ne la voyais pas, mais en tout cas je devais la percevoir différente de ce qu'elle était. D'une manière un peu grotesque, j'avoue encore que cette Monica ne m'inspirait pas grand-chose, ni comme actrice ni comme femme, j'ai moi la passion des Uma Thurman, émaciées et nerveuses. *Bis repetita.* En vérité, je paie dans ces errances mes propres pérégrinations. Être partout, changer d'environnement, croiser des individus dans toutes sortes d'univers, agit sur le cerveau comme le shaker avec les ingrédients d'un bon vieux cocktail de bar. Au finish, seule reste l'ivresse, et c'est tituber de l'esprit que de ne point distinguer les êtres dans la masse. Un chirurgien appelé, de par sa profession, à soulager les turpitudes physiques de ses contemporains m'avoua qu'il pataugeait lui aussi dans les trombinoscopes. Et c'est ainsi par exemple qu'après avoir soigné Charles Hernu, alors ministre de la Défense de François Mitterrand, il l'avait recroisé descendant un escalier tandis que, dans les salons et les jardins de l'Élysée, la festive réception du 14 Juillet battait son plein. Dans un mouvement naturel de sympathie, le politicien avait alors tendu le bras vers l'individu qui, s'approchant lui lançait : « Comment ça va, vieux ? » Le vieux en question avait tiqué, lui-même incapable de resituer son vis-à-vis fort à l'aise, avant de capter la phrase suivante : « Oui, je sais, on est tous un peu paumés. » Quant à celle qui avait dans les années 70 milité pour la candidature de François Mitterrand, elle se souvenait qu'à l'époque, et comme elle venait de pénétrer dans une cabine d'ascenseur, un homme l'y avait rejointe.

« Quel étage ?
— Septième.
— Ah, toi aussi », lui avait-elle dit.
Et en sortant de la cabine, à l'étage réservé au service de communication-propagande, elle s'était rendu compte que son compagnon d'ascension, c'était François Mitterrand. Entre le visage collé en 2D d'une affiche et la rondelette silhouette de son propriétaire, il y a toute l'épaisseur du réel.

Par l'intermédiaire de Michel Palmieri, qui fut un temps mon compagnon de cordée au sein du magazine, je rencontrai un soir Vincent Lindon. Tandis que nous dînions dans un brouhaha conséquent dont l'acteur était le vecteur principal, celui-ci, sembla-t-il, me fit soudain le reproche de lui avoir fait connaître Sandrine Kiberlain. Il y allait un peu fort car, en vérité, si j'avais peut-être écrit le premier article sur cette actrice appelée à devenir célèbre, je n'étais pas celui qui l'avait forcé à le lire et moins encore à la retrouver en chair et en os « pour de vrai ». Nonobstant, il est exact qu'en 1994, alors qu'elle venait de tourner *Les Patriotes*, le film d'Éric Rochant, j'avais été mandaté pour la rencontrer et lui tirer le portrait. Il se produisit alors une chose étrange. Je m'étais arrêté pour déjeuner, seul, dans un petit restaurant à l'ancienne qu'on trouvait encore rue Croix-des-Petits-Champs et qui s'appelait Les Caves de Bourgogne. Tout en longueur, il s'agrémentait dans son tréfonds d'un entresol dans lequel une poignée de tables étaient serrées. On y servait entre autres réjouissances une saucisse aux herbes lentilles, plat roboratif qui s'est fait trop rare par la suite. Dans cet établissement, les consommateurs réglaient leur addition à la caisse du comptoir avant de sortir. Je prenais connaissance du montant de mes libations, car il s'agissait surtout d'un bar à vins, quand la caissière lâcha : « Vous êtes Philippe Trétiack ? » Cela devenait une manie ! Fort étonné, j'acquiesçai. « Vous avez rendez-vous avec ma fille. » Par un hasard extraordinaire, j'étais justement venu déjeuner là, dans cet établissement familial où l'on m'avait reconnu par je ne sais quel miracle. Nous discutâmes un moment puis, voyant le temps passer, je filai vers mon rendez-vous et comme j'entrais en trombe dans le café où Sandrine m'attendait, légèrement contrariée, je m'empressai de clamer : « Je sais, je sais, je suis en retard… Mais j'ai une très bonne excuse : j'étais avec votre mère. » Des années, pour ne pas dire des décennies, plus tard, je retrouvais Sandrine Kiberlain lors d'une soirée organisée par notre magazine dans un restaurant du secteur de Beaugrenelle. Elle semblait ne pas me remettre, aussi j'allai vers elle et, modestement, je lui rappelai que j'avais été l'un des tout premiers à écrire sur elle, détail, mais que surtout j'étais arrivé en retard à notre premier rendez-vous et je lui en redonnai la raison. Elle me dévisagea et, pensive, me dit ce qui me crucifia sur les bords : « C'est pour cela qu'en vous voyant… j'ai pensé à ma mère. »

Lors de ce dîner au cours duquel Vincent Lindon parut me faire part de sa légère acrimonie factice et fort bien jouée à mon égard, un autre pilier mâle de notre magazine était présent bien qu'à des centaines de kilomètres de notre table : Michel Abécassis. Grand joueur de poker et de bridge, autrefois cheville ouvrière de notre éditing, il participait cette nuit-là à un tournoi de poker quelque part en Irlande.

ELLES ET MOI

Je compris, à suivre l'intérêt que les convives portaient aux donnes successives que Michel leur communiquait par une volée de SMS, qu'il jouait là-bas avec un pécule constitué d'apports divers. Certains des convives comptaient ainsi sur leur poulain pour faire fructifier leur investissement. Le suspense dura jusqu'au dessert quand, d'un message laconique, Michel Abécassis signifia qu'il était *out*, que le pécule avait vécu et qu'il était rincé. Rideau. Cela me rappela que Michel Palmieri boursicotait à longueur d'année. Exaspéré par les faibles performances de ses courtiers, il leur avait signifié qu'à l'avenir il s'occuperait de ses placements, qu'il jouerait lui-même en Bourse car, comme il se plut à leur expliquer d'une formule : « Si je ne connais rien à la Bourse, jouer, ça, je sais. »

Il jouait aussi sur les mots et les faits, et avec quelle virtuosité ! Il avait ainsi noté que nous avions une qualité rare dans la presse, celle de défendre systématiquement les mauvais films. Nous avions été conviés à la projection privée d'un long métrage dont il ne me reste rien. En revanche, l'échange entre Palmieri et Dominique Segall, l'incontournable agent de stars, directeur d'un très sérieux bureau de presse, me reste en mémoire. Crevant l'abcès ou révélant un secret de polichinelle, Michel Palmieri avait d'entrée exposé la situation : « Si ton film est nul, compte sur nous, en revanche s'il est bon, on ne pourra rien pour toi. » Ce à quoi Dominique Segall avait répondu « Tiens, tu me tutoies maintenant ? », entraînant cet échange savoureux :

Palmieri : « Je dis "tu" à tous mes ex. »

Segall, d'une voix pleine de condescendance : « Prétentieux, va ! ».

Et c'était vrai. Combien de fois Sophie Marceau, Charlotte Gainsbourg, Isabelle Adjani ont-elles eu droit à la couverture du magazine ? Mystère, mais ce fut à coup sûr pour une daube. Et cela, je ne me l'explique pas. Ce n'est pas que les bons films aient été réservés à d'autres, non, mais nous avions un tropisme pour le défaillant, le mièvre et le minaudé. Peut-être étions-nous faibles aussi, manipulables, et quand des producteurs, subodorant l'indigence de leur dernier opus, commençaient à s'inquiéter de son possible échec commercial, quelqu'un, finaud et avisé, s'écriait : « Mais nous n'avons qu'à faire la couv' du ELLE. » Et voilà.

L'éditing du journal a vu passer quantité de stylistes, petites mains des lettres et rois de la titraille. Si la rédaction était pauvre en hommes, cette pièce névralgique dans le processus de fabrication du journal, bureau où la copie aboutissait avant de filer vers le secrétariat de rédaction, était généralement pourvue d'un représentant, souvent haut en couleur. Le plus flamboyant s'appelait Lucky Dana. Il était doué et drôle, et c'est lui qui trouva cet excellent « Jean-Pierre Léaud, dément » pour titrer une interview dans laquelle l'acteur, accusé d'avoir jeté un pot de fleurs à la tête d'une vieille dame, s'en défendait. Lucky jouait aux cartes, au poker ou bien au bridge. Lourd, costaud, il imposait son machisme avec une grâce qui fleurait la pègre d'opérette. Comme nous fêtions l'anniversaire d'Anne-Marie Périer à qui, nous autres journalistes, offrions un cadeau commun, Lucky pénétra dans le bureau et jeta une ceinture à l'élue du jour et, dans ce geste agressif, il semblait prendre plus qu'il ne donnait. Je me souviens qu'il disait, faussement naïf : « Je ne comprends pas pourquoi ma gonzesse fait la gueule quand je lui dis de passer à l'arrière. Elle sait bien que la place à l'avant est celle du chien. » Vous voyez le genre. Un mini-scandale agita nos murs quand il s'avéra que, suite à un sacré raffut perçu depuis l'étage supérieur, Lucky s'était fait poisser en pleine partie de jambes en l'air avec je ne sais plus qui. Aujourd'hui cela finirait en déferlante sur les réseaux mais à l'époque, nul n'y vit autre chose qu'une manière un peu corsée de tester la moquette. C'était assurément un autre temps.

Dans l'article titré « La nouvelle héroïne de Roman » que j'ai consacré un jour à Emmanuelle Seigner, je lis ceci : « Godard m'avait prédit un grand avenir dans les films porno, il trouvait que j'avais un beau cul. » Et elle ajoute au sujet de Polanski : « Au début je ne savais pas du tout qui c'était. Je le confondais avec Jaruzelski. Mais après, j'ai fait la différence. J'avais entendu pas mal de trucs sur son compte. J'étais pas très rassurée. Il m'a montré ses films, *Pirates*, *Répulsion*, mon préféré. La première fois qu'il m'a invitée chez lui j'en menais pas large. J'osais même pas boire le champagne. » À l'époque, les craintes d'Emmanuelle Seigner m'étaient apparues comme motivées par les circonstances de l'abominable assassinat de Sharon Tate. Aujourd'hui, la vague #MeToo nous ferait voir les choses autrement. C'est là toute la difficulté d'une lecture à rebours. Comment savoir ce que je pensais alors ? Et mes consœurs ? Les langues s'étant déliées, je sais par exemple que plus d'une fois des journalistes du ELLE, venues interviewer telle ou telle célébrité, se sont retrouvées face à un individu qui, persuadé de ses charmes, les accueillait, à l'ancienne, en robe de chambre. Un temps, par exemple, où la bonne société, la bourgeoisie éclairée, les intellectuels recevaient, ainsi drapés dans du cachemire. Romain Gary passait ses journées de désœuvrement les testicules à l'air, ce dont son fils se plaint dans ses Mémoires. Paul Léautaud, Emmanuel

Berl, Sacha Guitry, Maurice Rheims, entre autres célébrités, ont tous été immortalisés dans des amplitudes textiles, les pieds chaussés de savates. L'inconvénient tenait à ce que ces oripeaux ne tardaient pas à s'échancrer, révélant force attributs virils. Une consœur, pointure du journal, nous raconta qu'une fois, assise face à son interlocuteur, elle avait dû, pour éviter de contempler ce que le diable voulait lui coller sous le visage, plonger vers ses notes et ne relever la tête que d'un coup sec pour s'épargner d'entrevoir dans le milieu ce qui devait demeurer caché. Ce surgissement de l'entrejambe dans l'entretien faisait désordre et seul un brusque mouvement de la nuque, saccadé au point d'en être douloureux pour les vertèbres, s'offrait comme une piètre Rustine sur des mœurs discutables. On s'en tenait à l'époque à l'offuscation, préférant rire de ce qui, aujourd'hui, passerait pour un délit de harcèlement.

Il est vrai que, au regard de mes articles accumulés au fil des années, je suis surpris par le fait que nombre d'entre eux, et de plus en plus souvent, traitaient de sujets dans lesquels le corps, les fesses, les seins, le galbe étaient mis en avant jusqu'à déborder des pages. La plupart du temps, ces attributs en majesté constituaient le sujet de l'article lui-même. La légèreté était la norme et le déshabillé une attitude de décontraction sociale revendiquée. Revoir aujourd'hui les campagnes publicitaires de Wonderbra, lire ces affiches sur lesquelles la top Eva Herzigova, dévisageant ses clients potentiels et les hommes en particulier, leur dicte une conduite de soumission – « Regardez-moi dans les yeux, j'ai dit les yeux » –, donne une idée de la présence ultracharnelle et sexualisée des

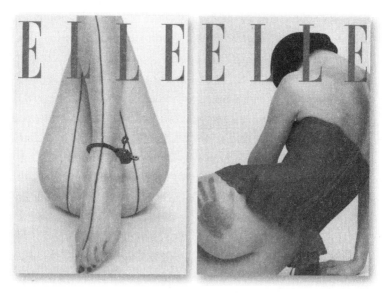

Les stupéfiantes cartes de vœux du magazine en 2001. À l'époque déjà, je me souviens que je les avais trouvées surréalistes avec sa claque et son cadenas. Pourtant, je n'avais pu m'empêcher de les envoyer à quelques camarades, sachant combien elle les rendrait jaloux de ma position unique au sein de ce magazine vraiment décontracté.

corps féminins dont nous faisions l'apologie. « Newton avait tort » rehaussait les poitrines quand les campagnes d'Aubade hissaient les croupes. Il fallut l'émergence d'une masculinité « métrosexuelle », subtilement gay aux entournures, pour faire des hommes des objets d'exposition où la testostérone bodybuildée, les plaques de chocolat abdominales et les slips bien remplis devenaient des arguments de vente.

En octobre 1992, Madonna expose en couverture du ELLE son corps athlétique arrimé à des anneaux de gymnaste, bouche sensuelle entrouverte, seins, buste et soupçon de poils pubiens apparents. Titre : « Madonna : Mes fantasmes ! » Le 3 octobre 1994, Eva Herzigova fait la couverture du ELLE et sa silhouette, dont émerge une poitrine provocatrice, est barrée de l'injonction « Suivez-moi, Messieurs ! Supplément de cinquante-deux pages interdit aux femmes ». Pour les cinquante ans du journal, en novembre 1995, c'est le sein gauche de Vanessa Paradis qui a les honneurs de la couverture et, en 2019, Lætitia Casta « à l'état pur » se dévoile nue, accroupie sur un rocher. Des formes, de la peau, mais plus d'extravagances dans cette pose digne de la statuaire antique. Oubliées, les années 90 où la carte de vœux du magazine s'ornait d'une femme allongée sur le côté, sanglée dans un bustier rouge et portant sur la cuisse gauche la marque d'une main laissée manifestement par une claque. Voilà qui aujourd'hui nous renverse, tant et si bien que déjà la réécriture de l'histoire est en marche. Dans une rétrospective en images disponible un temps sur le site du elle.fr, pas une de ces couvertures ne figure. Mémoire courte et sélective ? Ce qui fut hier l'ADN du magazine, ce mélange de sexe et de bienséance, cette mise en abîme de la séduction et de ses audaces, semble aujourd'hui mis à l'index par les équipes du magazine elles-mêmes. Conscience ou pudibonderie guident les experts du digital.

Comme il est loin le temps (1993) où Walter Lewino pouvait proposer dans nos pages un test en 20 questions titré « Êtes-vous une salope ? », article chapôté ainsi : « Ce n'est qu'un jeu pervers et juvénile. Nous sommes toutes des salopes. Plus ou moins "divinement salope" ? » Questionnaire aujourd'hui surréaliste mais aussi prémonitoire puisque à sa dernière question « Il refuse de se laver », la réponse F, l'ultime de ce divertissement pseudoscientifique, proposait : « Vous mettez un masque. » Covid nous voilà. Chacun pour soi, ce que, peut-être, un article publié cette fois en 2002 annonçait lui aussi, attestant la montée en puissance des sex-toys. Sur une double page, un phallus en forme de chien tenu en laisse y apparaît, barré de cette habile formule : « Oh my gode ! » On a la religion qu'on peut.

Au cours de son histoire, ELLE a souvent fait l'objet de campagnes de dénigrement venues de la gauche. Pêle-mêle, le magazine fut accusé d'être vendu à la pub, pousse-au-crime en matière de régimes alimentaires, responsable, via la maigreur de ses top models, d'une vague d'anorexie ravageuse, complice du massacre des animaux à fourrure. ELLE fut aussi la cible de la droite, qui cette fois dénonçait sa démobilisation coupable face à la désagrégation de la famille, son militantisme en faveur de l'adultère, de l'avortement, de l'homosexualité, j'en passe et des meilleurs. Ce fut tout à son honneur que de se maintenir affûté, prêt à batailler, rappelant qu'en matière de

Le carton d'invitation à un débat organisé par le magazine dans le cadre du Festival International du Photojournalisme de Perpignan et mené avec swingue par la grand reporter, mon amie Caroline Laurent-Simon. Bien que n'ayant pas vu venir la vague #MeToo, ELLE fut à l'avant-garde d'une dénonciation du machisme dans le monde politique. Cette image préfigure le #balancetonporc qui fit fureur par la suite.

droits des femmes rien ne serait jamais acquis et que, comme le combat contre l'antisémitisme, le combat féministe serait à reprendre, toujours et sans répit. Et voilà qu'aujourd'hui, dans cette poussée de fièvre néoféministe ou postféministe, ce magazine avant-gardiste semble balayer de ses archives une part de son identité. Ce qu'il osa hier, il n'ose plus le rappeler aujourd'hui. Il serait pourtant formidable qu'un article prenne ce taureau par les cornes et le force à courber l'échine. Que soient exposées sur plusieurs pages les couvertures d'autrefois avec cette interrogation qui parcourt, on le sait, toute la société, l'oserions-nous encore ? Qu'est-ce que cela disait, hier, de nos engagements ? Avons-nous fait fausse route ou, qui sait, se trompe-t-on désormais ? Je me souviens d'avoir, avec Valérie Toranian, alors directrice du journal, déploré que le ELLE n'ait pas vu venir la vague #MeToo. Pourtant, quel organe de presse mieux que le nôtre aurait dû être à la pointe de ce combat contre les violences sexuelles ? Mais il se peut que, dans notre univers où précisément le machisme était exclu, où, si la parité faisait défaut, c'était au détriment des hommes, les journalistes privilégiées et protégées n'aient eu suffisamment conscience de l'univers acéré qui les entourait.

De ce microcosme élitiste, Michel Palmieri nous avait fourni un jour un truculent exemple. Il avait cassé la baraque en évoquant, lors d'une conférence de rédaction, le désarroi dans lequel l'avait plongé sa fille quand elle avait exigé de voir *Rosemary's Baby*. D'en avoir caché la vidéo n'avait fait que renforcer chez cette préadolescente le furieux désir de visionner ce film sulfureux. Était-ce de son âge ? « Je ne savais pas quoi faire… Alors j'ai appelé Roman Polanski. » Toute la rédaction avait applaudi la performance. C'était d'un chic ! Imaginez un peu, vous voilà pris d'un doute sur une interprétation du *Gai Savoir* ou sur un événement factuel de l'appel du 18 Juin et hop, un coup de fil à Nietzsche, un SMS au général. La classe. Un petit monde, décidément.

Nous étions des nantis. Nous étions opulents. Les lectrices se comptaient par millions. Vingt-cinq en 2005, réparties sur toute la planète ELLE riche de ses 37 éditions internationales. Cette sororité, plus qu'une fiction d'entreprise, plus qu'une culture nourrie de *storytelling*, était une réalité concrète vécue à travers les avancées sociales et sociétales que le magazine prônait en Chine, au Mexique, en Afrique du Sud et même en Arabie saoudite, où nos pages censurées étaient maculées d'encre. En 1995, comme je me rendais pour la première fois à Shanghai, où le quartier de Pudong sortait à peine de terre, j'avais découvert la rédaction du ELLE chinois installée dans un local minuscule, sis en haut d'un escalier dont les marches en bois swinguaient sous mes semelles. À l'intérieur de cet espace étroit aux allures de cuisine et d'étuve, les mini-serviettes de toilette que chaque employé possédait pour s'éponger le visage séchaient sur des cordes à linge tendues entre les murs. Nous étions en août et, fidèle à la tradition qui veut que Shanghai ait cinq saisons, les quatre connues plus une cinquième dite « du pourri », temps baroque et mortifère où la conjonction scélérate d'une humidité abrasive et de pressions atmosphériques assassines vous arrache l'air des poumons, tout ruisselait, suintait, dégoulinait. Face à l'émissaire de la maison mère que j'étais, les employés avaient eu honte de leurs bureaux de misère sans savoir que, des années plus tard, ils nous écraseraient de leur tirage. À Tokyo, je m'étais rendu dans les couloirs du magazine où les employés pleins de ferveur accomplissaient leur longue journée de travail le buste barré d'un calicot indiquant qu'ils étaient en grève. La ruche bruissait, les ordinateurs ronflaient, et grondait la révolte. Au jour J, le magazine sortit en kiosque sans une minute de retard, mais son directeur, humilié par ce mouvement social, en démissionna. Cette planète ELLE avait de la gueule. Elle parlait fort, elle s'affirmait. Sans doute y voit-on aujourd'hui les prémices d'une mondialisation désormais diabolisée, mais unir les femmes dans leurs combats et leurs désirs cimentait cet univers auquel elles tenaient et auquel je tenais avec elles. Quand Arnaud Lagardère annonça la vente d'une partie de la famille au groupe américain Condé Nast, le choc fut sismique. Ce n'était pas seulement une entreprise qui se voyait démantelée par une décision patronale, mais une utopie, une promesse, celle de femmes unies dans une lutte commune. Soudain, le front se fissurait, la terre se craquelait, la planète ELLE se trouvait mise à mal. Nous qui avions su, avec gravité et frivolité, toujours selon le mot de la fondatrice Hélène Lazareff, fusionner souffrance sociale, désir et sentimentalité, étions sommés de tirer le rideau. Nous perdions une partie de nous-mêmes. On ne dira pas assez combien le démantèlement de cet univers fut un déchirement pour les équipes en place. Soudain, cette insouciance qui avait fait de nous toutes et tous des enfants gâtés s'écrasait sur le mur du capitalisme, de l'actionnariat et, plus encore peut-être, de l'incompétence de nos dirigeants.

Avant d'encaisser ce coup du lapin formidable qui nous laissa groggy, nous vécûmes dans une anxiété grandissante. Nos couloirs bruissaient d'informations alarmistes. La bonne santé de notre groupe de presse se faisait chancelante et il paraissait miraculeux que nous puissions échapper encore longtemps aux sourdes manœuvres qui secouaient le secteur des médias. Des repreneurs s'agitaient en coulisses et l'on citait les titres qui seraient ficelés ensemble dans la prochaine phase de tractations. Ces rumeurs de revente du journal, toujours démenties mais dont la véracité s'accusait de semaine en semaine, nous poussèrent à l'action et nous décidâmes la création d'une société des rédacteurs au sein du magazine. La plupart des titres du groupe, tels *Paris Match* ou *Le Journal du dimanche*, en comptaient une depuis des lustres et nous étions, là encore, à la remorque, victimes de nos préjugés, titulaires certes de cartes de presse mais fort peu pressés d'en défendre l'usage par la voie militante. Je ne sais plus qui intrigua, ni pourquoi, mais j'en fus bombardé président. Je m'interroge toujours aujourd'hui sur ce qui détermina ce choix. Le privilège de l'ancienneté ? Peut-être. Celui encore de posséder, en sus d'un peu d'audace, une réserve de mauvaise humeur dissimulée sous un vernis de diplomate ? Sans doute. Mais peut-être faut-il voir plus simplement, dans ce choix qui m'honorait, le privilège de ma masculinité et la prégnance de cette idée qu'un journaliste, un vrai, responsable et leader, cela ne pouvait être qu'un mâle. Je subodore qu'à la lecture de ce qui vient d'être écrit mes consœurs s'offusqueront. Reste qu'elles élurent un homme, l'un des très rares présents sur site, comme président de leur toute nouvelle association de défense et c'est ainsi. Allez comprendre !

Conscient de l'animosité que notre société des journalistes suscitait auprès de la direction, je pris mon rôle au sérieux. Le mot est abusif. Incapable d'endosser d'un coup le costume sévère du défenseur de toute une communauté, je me pris au jeu des courriels adressés aux membres pour les saupoudrer d'un fumet surréaliste. Je débutais mes envois par le « Chers adhérents et clients » dont la Fnac avait fait sa marque de fabrique. C'était plus fort que moi, je n'arrivais pas à grandir. Il fallait que je me contorsionne, que je plaisante, que je fasse rire pour mieux ferrer les troupes. Et cela ne datait pas d'hier.

Au premier jour de ma présence au ELLE, installé encore dans les anciens locaux de Neuilly-sur-Seine, j'avais pris place dans le Bocal, le bureau de la rédaction du magazine. L'endroit y était stratégique, le contenu du ELLE s'y discutait et il n'était séparé de la direction que par un sas, une simple pièce équipée d'un divan. Bien des années plus tard, calé à l'autre bout du couloir, dans l'espace réservé aux reporters, j'avais dû répondre à l'interrogation angoissée d'une visiteuse qui, poussant la porte, avait lancé à la

cantonade « C'est ici, le Bocal ? », et comme je répondais par la négative et que je la devinais perdue, j'ajoutai :
« Le Bocal, c'est là-bas.
— Et ici ?
— C'est les cornichons. »

C'était là ma méthode de gouvernance. Et cela marcha plutôt bien. Toutefois, si écrire m'était aisé, la constitution de listes de courriels me mettait au supplice. J'étais trahi par la technique. Non qu'elle me parût d'une inextricable complexité, mais cela me tannait de cocher des noms et des adresses et d'en vérifier l'exactitude. Composer pour le groupe, s'occuper de la multitude, assurer la continuité du service – tout ce que certains avaient si bien su faire durant leur vie professionnelle d'administrateur, de régulateur, de contrôleur de gestion, en somme de meneur d'hommes et de femmes –, j'en étais incapable. Les erreurs d'envois s'accumulaient, mes listes prenaient l'eau et sombraient dans les spams. À cet aspect débilitant s'en ajouta un autre : le désenchantement. Je découvris trop vite cette loi fondamentale qui veut qu'au registre de la plainte ceux qui ouvrent le plus souvent leur gueule sont également les premiers à se la fermer quand tourne le vent. Ainsi, j'eus la surprise et le déplaisir, naïf que j'étais, de constater, comme je me faisais le porte-parole de toute une rédaction sur les nerfs, qu'à la première rebuffade de la direction nulle dans l'assemblée ne trouva justifié de me venir en aide. Soudain, j'apparus mauvais coucheur, obsédé par l'idée de dénicher des cadavres dans des placards inexistants. Je me retournais et cherchais du regard l'assentiment de quelques-unes des têtes brûlées qui m'avaient chauffé, pour qu'une fois mes arrières assurés, je puisse monter à l'assaut et poursuivre notre offensive, mais non, rien, personne, des visages d'un coup extraordinairement concernés par deux ou trois vieux bouquins empilés sur une étagère, une escouade de collaboratrices abîmées dans la consultation de leurs derniers messages apparus sur l'écran de leur smartphone, une débandade, et pour le dire franchement, la trahison des clercs. Cela m'avait rappelé, à une échelle certes plus anxiogène, ce que Florence Aubenas m'avait raconté de son escapade à Belgrade. Comme elle se trouvait dans la foule des protestataires qui réclamaient la chute du président serbe Slobodan Milosevic, elle s'était laissé entraîner par un brusque mouvement de foule et, courant avec la troupe, était entrée en trombe dans l'enceinte du Parlement que les émeutiers envahissaient, et là, une fois les grandes portes franchies, étonnée par la chape de silence qui soudain l'enveloppait, elle avait découvert avec stupeur que de la vague exaltée qui l'avait soulevée et projetée vers l'avant, à peine une trentaine de forcenés s'étaient extirpés pour se jeter dans le bâtiment, et que de ce bataillon d'avant-gardistes suicidaires elle faisait partie, ce qui, fameux du point de vue journalistique, l'était beaucoup moins au regard de sa sécurité. De cette expérience létale, je tirais une conclusion hâtive. Dévoré d'ego, j'avais accepté de m'asseoir dans le command-car mais la banquette arrière était vide et le chauffeur en permission.

À date fixe, l'idée d'un séminaire surgissait dans nos discussions informelles et bientôt celui-ci s'inscrivit dans nos agendas. On en connaissait les objectifs, souder la rédaction, réfléchir ensemble aux mutations en cours pour s'efforcer ensuite de se pencher tous dans le même sens, avant d'aborder la série de virages qui se profilaient à l'horizon. Voilà pour la théorie. La pratique se résumait plutôt à des déjeuners et des dîners suivis d'une soirée en boîte, prétexte à l'hystérie collective et au défoulement.

Lors d'un séminaire à Avignon, nous fûmes trimballés dans un autocar vers une destination perdue dans la campagne, un ensemble de granges reconverties en site de minicongrès. Voulait-on nous faire goûter à l'air champêtre pour mieux égayer nos suggestions à venir ? La dilatation naturelle des voies respiratoires qu'entraînent cimes et herbages, l'excès de chlorophylle favoriseraient-ils l'émergence d'inédites intuitions à la puissance fédératrice ? Nul n'en était convaincu. Durant le voyage, ficelé comme je l'étais dans ce déplacement corporate, je me découvrais sujet plutôt qu'enquêteur. Je m'étais alors appliqué à photographier l'équipe au complet tassée dans le véhicule et, m'approchant d'Anne-Marie Périer,

notre directrice, je lui avais murmuré à l'oreille : « Vois-tu, si par malheur notre car verse dans un fossé, ces photos sans intérêt seront demain publiées en grandes doubles dans *Paris Match*. On y ajoutera des petites croix sur les visages de celles et ceux qui n'auront pas eu la chance de s'en sortir et la titraille nous rendra hommage par ces mots : "Leur dernier séminaire".
— Tais-toi donc ! »

Cette réunion devait, idéalement, donner lieu à des échanges constructifs. Constructifs ? Le mot est fort. On rigola beaucoup. On fut ravi d'expédier la corvée quasi contractuelle de la réunion de travail pour enfin passer aux choses sérieuses, faire la fête, boire et danser, autant d'actions qui assureraient la cohésion de l'équipe bien mieux que des heures de brainstorming. J'avais choisi de m'installer le dos à la lumière du jour, bien en face de la direction. Et celle qui l'assumait ne tarda pas à me faire une remarque tout empreinte de féminité : « Ce n'est pas très gentil de nous placer ainsi, avec le soleil en face pour mieux accuser nos rides. » En vérité, s'il s'agissait pour moi de les mettre mal à l'aise, ce n'était que pure stratégie. De même qu'il faut assister à toutes les réunions décisionnelles, car les absents ont toujours tort, de même il importe de se placer de telle sorte que vos interlocuteurs en ressentent une gêne et peinent à vous affronter. Tous les despotes, les dictateurs, les satrapes et les fourbes le savent, un parquet trop ciré, une chaise trop basse, une fenêtre entrouverte et son méchant courant d'air… C'est du métier. Quoi de mieux, encore, qu'un éblouissement naturel ? Mes propos s'élevant des ténèbres n'en seraient que renforcés. Et je ne le regrettai pas car cette réunion tourna au psychodrame et les fondrières dans lesquelles notre magazine se débattait, concurrence acharnée, perte d'influence, désagrégation de l'équipe, tribalisation des services et mauvaise ambiance, furent jetées sur la table, et ce fut salvateur.

Lors de ce séminaire, ma solitude de mâle fut atténuée par la présence de Michel Palmieri, un solide camarade dont j'ai dit déjà la finesse d'esprit et l'acuité du regard. Cet ancien professeur de chimie portait aux nues les chaussures de chantier et dans ses jeans et ses tee-shirts moulants il avait tout d'un zélateur des Village People qui aurait méconnu l'homosexualité. Son apparence physique recoupait sa constitution psychique car, tout en finesse, il était néanmoins du genre bulldozer et, pour preuve, l'interview de l'acteur Antonio Banderas qu'il avait menée un jour avait failli, pour quelque obscure montée de testostérone, tourner au pugilat. Voilà qui dérogeait au style sirupeux de la plupart de nos papiers voués à louer les vertus de nos célébrités. Je partageais avec mon double mâle une aversion pour ces articles dégoulinant de bons sentiments, où la sororité s'exprimait dans des phrases du type « Elle est si belle qu'elle ne le sait pas ». Il m'arrivait, après la lecture du portrait d'une Adjani ou d'une Binoche, de lui passer un coup de fil pour qu'il se dépêche de le lire à son tour et afin que nous puissions en rire de concert, étant entendu qu'ensuite il nous faudrait prendre une bonne douche, pour en éliminer la glu.

Lorsque l'entière compagnie se déplaçait pour son séminaire annuel, elle envahissait de ses rires et de ses parfums des quartiers d'hôtel complets. Étages, couloirs et chambres se voyaient nappés soudain d'une féminité débordante. Nous relâchâmes ainsi à Arles, à Deauville, à Versailles, à Avignon, à Biarritz, où l'établissement huppé de l'impératrice Eugénie accueillait déjà les membres du très sélect Club Jaguar. Les véhicules de luxe aux teintes *dark lagoon* et *silver frost* brunissaient au soleil de part et d'autre de l'allée centrale, tandis que leurs vénérables propriétaires tiraient sur leurs cigares dans les recoins perdus et lambrissés des fumoirs. Le débarquement d'une horde de gonzesses fut un choc pour ces messieurs. Soudain les cuirs des sièges de leurs véhicules vintage pesèrent bien peu au regard de l'épiderme nacré de ces jeunes femmes, et comme celles-ci, fort délurées, étaient plus que décidées à profiter à fond de cette colonie de vacances faussement studieuse, ils ne purent les empêcher de prendre possession du piano, des fauteuils et du bar, et ce fut une sacrée nouba.

Par mesure d'économie, les journalistes partageaient leur chambre et lors du séminaire de Deauville je fis naturellement équipe avec le chef de chantier. Allongés côte à côte dans le lit dont les sombres montants de bois se détachaient sur le papier peint à motif floral si caractéristique du style bonbonnière du Normandy, nous avions l'air d'un couple d'antiquaires en goguette. Sur le coup de 23 heures, notre nid d'amour fut pris d'assaut par la horde de nos consœurs qui s'installèrent, qui sur l'édredon, qui sur le tapis, se vautrèrent dans les fauteuils pour une conférence de rédaction débridée. Deux retardataires déboulèrent en trombe, tout essoufflées. Elles avaient fini par semer au fil des couloirs du grand hôtel quelques clients crampons qui, après les avoir branchées au casino, s'étaient révélés échangistes en rut. Ces spécimens, certes à l'esprit ouvert mais intrusifs à outrance, furent aussitôt rebaptisés « mélangistes » et l'on exhiba des bouteilles pour trinquer à leurs hormones vibratoires. Il m'est resté en mémoire le dilemme auquel nous fûmes trop vite confrontés. Une démoniaque représentante du service photo ayant roulé puis allumé un pétard, nous ne tardâmes pas à suffoquer. Il fallait ouvrir la fenêtre en grand pour ventiler cette pièce minuscule dans laquelle nous étions entassés, mais il faisait frisquet en cette fin décembre, et à peine voulions-nous aérer que nous étions transis. Aussi, et des heures durant, les battants de la fenêtre jouèrent-ils à l'éventail, s'écartant pour mieux se refermer dès que la température chutait. Toutefois, si nous toussâmes beaucoup, ce fut moins sous l'effet des frimas que sous l'assaut de l'âcre fumée orientale que dégageait le joint maudit de notre visuelle de service. Quelques photographies attestent de ce moment d'extase où, sans trôner, nous fûmes tout de même, le chef de chantier et moi-même, en position de majesté, blottis sous une couette, béatement entourés d'une armada de jolies femmes. Plus que l'irritante fumée de ce pétard maudit, ce furent leurs parfums mêlés qui firent office sur nous de narcotique.

Cet épisode d'asphyxie faisait écho à cette autre catastrophe que j'avais vécue quelques années auparavant dans un hôtel de San Francisco. Le choix de l'établissement s'était révélé une option fort fâcheuse, car il faisait une chaleur épouvantable, et la chambre, saturée, s'était rapidement transformée en étuve. Il aurait été judicieux d'ouvrir la fenêtre mais comme cette chambre se situait au premier étage et que la déplorable qualité du bitume de la rue en pente décuplait le raffut des véhicules qui s'enfilaient la côte à fond de première, cette fenêtre demeura close et ce fut l'occasion d'un tout autre tourment. Il ne me fallut pas longtemps, naufragé de la nuitée poisseuse, pour connaître une griserie dont la cause se révéla collée au mur. De la couche de peinture fraîche s'élevaient des émanations homicides. Très vite, cela fut suffocant et je me précipitai pour ouvrir la croisée mais alors, ce n'était plus l'odorat qui était au supplice mais l'ouïe, que les moteurs barattaient. Ce fut une épreuve que cette nuit au Normandy réactiva.

Il arriva aussi que les séminaires tournent au psychodrame. La belle unité si caractéristique de notre magazine soudain se révélait fracturée. Quelle surprise! Nous nous pensions différents, protégés par des valeurs féminines, celles que toute mère de famille se doit de partager, douceur, gentillesse, affection, éducation, investissement pour l'avenir… et voilà que tout cela d'un coup s'envolait. À notre décharge, il s'avérait que nous payions là les conséquences de l'évolution funeste de la presse en général. Tant que le ELLE avait surfé sur son lectorat, blindé de plusieurs générations de lectrices se transmettant leur amour du magazine de mère en fille, l'ambiance était demeurée idyllique, mais quand les ventes commencèrent à chuter, dans les premières années du nouveau siècle, quand les réunions se tendirent entre la rédaction et les actionnaires, quand les responsables de la pub se mirent à arpenter nos couloirs quasi quotidiennement, les tensions apparurent. Soudain, chacun se sentit menacé et sans doute était-ce le cas. Une compétition se développa en secret, dans un non-dit de plus en plus pesant. L'ère de la surveillance se substitua à cette nonchalance qui nous illuminait. On affûta les armes de poing et les branches, malmenées par des scieuses sans visage, se mirent à osciller.

Véronique Philipponnat, qui depuis la revente du magazine par Lagardère à CMI en a repris les rênes, entamant ainsi une époustouflante saison 2 et ce grâce à un remarquable come-back, n'était alors que rédactrice en chef des pages « Magazine ». Elle avait constitué à l'orée du nouveau siècle et autour d'elle un commando de pigistes dont certaines, fort douées, allaient monter en grade dans les décennies suivantes. Toutes lui vouaient une dévotion particulière. Elles papillonnaient, papotaient, échangeaient des propos à demi secrets ; de cela suintait une ambiance quelque peu délétère et il ne fallut rien de moins qu'un séminaire houleux pour crever l'abcès. Il s'avéra que la crise que l'on avait crue circonscrite aux équipes rédactionnelles du magazine reflétait en vérité la dérive totale d'un support de presse qui peu à peu perdait du poids, de l'influence et du charisme. Ainsi, et comme les récriminations se faisaient jour, nous découvrîmes, avec grand étonnement, que les photographes les plus en vue, ceux qui s'étaient hier battus pour publier dans le ELLE, s'en détournaient désormais pour œuvrer dans des publications au lectorat certes plus réduit mais au potentiel bodybuildé. *Numéro* par exemple les attirait, car y publier c'était l'assurance d'accrocher ensuite une campagne de publicité, bien plus lucrative. La locomotive ELLE s'essoufflait, doublée désormais par des véhicules plus légers, portés par l'air du temps. La parole se libérant, nous découvrîmes aussi que certaines maisons de mode qui autrefois se seraient écharpées pour obtenir une publication dans nos pages préféraient prêter le vestiaire de leurs prochaines collections à des concurrents hier obscurs. Résultat, nous devions patienter pour les obtenir, nous les leaders de la presse féminine. Qui l'eût cru ?

À ce déballage j'avais ma part. Président de la société des journalistes. Nous étions en 2001 et nous étions réunis en séminaire à Avignon. J'y avais assisté avec lassitude. Je sentais que nous étions en voie de rater le plus important, que nous allions passer sur ce qui, énoncé avec lucidité, nous aurait avec douleur peut-être mais fort utilement dynamisés. Quand nous fûmes réunis dans la grande salle de l'hôtel qui nous hébergeait, j'optai pour une attitude d'opposition, retrouvant là un peu de ce qui avait été le sel de mes années gauchistes. Restant debout, je me calai contre un mur face aux représentants de la direction du journal, le rédacteur en chef Olivier Péretié et celle qui, succédant à Anne-Marie Périer, allait s'emparer des leviers du magazine tout entier, Valérie Toranian. Quand vint mon tour de prendre la parole, je mis mon poids dans la balance. Aujourd'hui, je raconte cela avec une autorité qui peut sembler factice, comme si rétrospectivement je voulais endosser un costume trop grand pour moi, celui, charismatique, du sauveur. En vérité, il y a de cela. J'en avais plus que marre de la dérive dans laquelle le ELLE s'embourbait. La bonne boîte prenait l'eau et on ne pouvait que le regretter. Il était temps peut-être, tous ensemble, d'écoper.

Cela me surprenait toujours que l'on m'écoutât quand je prenais la parole, que je sois un homme me conférait peut-être encore, à cette époque et à leurs yeux, comme un gage de sérieux. Je donnai cours à ma déception. Que ce séminaire n'ait servi à rien, dis-je en préambule, c'était une évidence et s'il nous fallait plier bagage et rentrer à Paris, nous pourrions tirer de ces journées passées ensemble un bilan d'une maigreur effarante. Et pourtant, nos problèmes étaient de poids : le clanisme, la parole commune amoindrie, cette sale ambiance qui pervertissait ce qui avait toujours fait l'originalité de notre entreprise, celle d'un destin partagé, d'un non-dit par toutes et tous perceptible, de combats communs à mener au sein desquels la joie de vivre, la sensualité, une attention de l'une et l'un pour l'autre nous avaient préservés du cynisme et du découragement. Le rédacteur en chef, homme lui aussi, passant à côté de son sujet, s'offusqua de mon discours et, alors qu'il aurait dû me soutenir, embrayer, renforcer mes propos quitte à se les attribuer, il m'accusa de diviser notre troupe, d'agir à l'encontre du groupe. À cette accusation je répondis sèchement : « N'essaie pas de me la jouer néochrétien, car ce n'est pas ma culture . » Beaucoup plus fine, Valérie Toranian resta en retrait et manœuvra pour se gagner celles et ceux qu'elle allait diriger. Ce séminaire fut son marchepied et sa confirmation.

Le journal comportait un homme de plus, Santiago, légendaire adjoint du DA, le directeur artistique. Sanglé dans une tenue noire et rouge que l'on pourrait qualifier de néopunk, il donnait l'impression de danser dans ses Dr. Martens. Il vint me voir et me fit ce compliment lapidaire : « T'as été énorme. » Et de l'avoir été eut pour conséquence de décoincer la parole des unes et des autres. Ce que nous apprîmes sur la perte d'influence du journal, nous l'aurions appris, sans doute, mais plus tard. Ma mauvaise tête avait du bon. S'ensuivirent un déballage sévère, une cure et même une thérapie. Albert Londres avait bien dit qu'il fallait enfoncer le fer dans la plaie. Disons que cette fois-ci, en hommage au prince des reporters, j'avais glissé une épingle à nourrice dans notre trousseau de famille. Nous rentrâmes à Paris. Les nuages s'amoncelaient.

Comme dans toute entreprise, la nôtre connaissait des moments difficiles et des phases de tension. L'énergie collective s'évaporait et, soudain, gagner nos bureaux de Levallois-Perret prenait des allures de pensum. Des conflits larvés s'incarnaient par surprise, des êtres d'ordinaire aimables se révélaient atrabilaires, exigeant des signes d'allégeance, ce qui ne faisait qu'envenimer les situations. Dans les années 90 déjà, notre rédacteur en chef Jean-Dominique Bauby, désireux de motiver ses troupes ou plus sûrement engoncé dans je ne sais quel mal-être, nous avait imposé un beau matin une conférence de rédaction quotidienne, pur non-sens dans un hebdomadaire. Il y tint pourtant, et durant quelques semaines, nous dûmes nous pointer au bureau pour y faire corps dans une atmosphère de plomb. Lestées par l'ambiance délétère, les idées se faisaient rares et les non-dits s'épaulaient pour distiller un venin qui nous rongeait les sangs. Pour en finir, je décidai avec Michèle Fitoussi de mener une fronde raisonnable. Nous instituâmes des tours d'absence. Chaque jour, l'une d'entre nous, et moi-même en complément, devait manquer à l'appel afin de mettre un terme à cette opération de coercition détestable. L'entreprise fut couronnée de succès. Jean-Do jeta l'éponge et j'imagine qu'il en fut lui aussi soulagé. C'était son style que de s'enferrer dans des pièges dont il était l'auteur. Le drame de sa vie s'y trouva, pour finir, résumé.

Nonobstant, ELLE n'était pas une entreprise de conflits. L'absence de ligne éditoriale nous mettait à l'abri d'affrontements idéologiques où des camps tranchés auraient décidé de se mener la vie dure. Notre magazine par nature plutôt consensuel ne triturait ses invités qu'avec douceur et compréhension. Ce n'était pas chez nous qu'un politique allait se retrouver anéanti par un barrage d'arguments massif. Certes, il arrivait qu'une interview soit tendue, ratée, décevante, reportée. On pouvait nous faire poireauter dans un couloir d'hôtel comme dans l'antichambre d'un ministère mais, pour finir, une fois l'entretien dans la boîte, qu'il s'agisse d'un magnétophone ou d'un carnet de notes, l'affaire était bouclée et dégagée, déjà, par la suivante. Par deux fois, pourtant, j'ai heurté un mur et si, dans l'un des cas, j'en ai tiré l'enseignement qui ensuite m'a aidé, et des années durant, à coucher sur le papier ce que j'éprouvais, dans l'autre j'en fus secoué au point qu'aujourd'hui encore je me demande comment tout a bien pu se produire.

Nous avions lancé l'idée de dialogues entre des personnalités que rien a priori ne rapprochait. Se retrouvaient en présence, le temps d'un déjeuner ou d'une soirée, des inconnus qu'une admiration réciproque avait poussés à l'exercice. Juliette Binoche tournait alors *Les Amants du Pont-Neuf* sous la direction de Leos Carax, dans les environs de Montpellier. Le décor y avait été reconstitué et elle logeait non loin du lieu de tournage, dans une ferme isolée. C'est là que nous la retrouvâmes, le photographe et moi-même, tous les deux flanqués d'Enzo Maiorca, le plongeur en apnée qu'elle avait choisi comme partenaire de ce dialogue en devenir. Enzo avait servi de modèle au personnage incarné par Jean Reno dans le film de Luc Besson *Le Grand Bleu* et il était monté d'Italie, accompagné de son épouse. Une fois sur place, et tandis que nous nous installions autour d'une table de jardin en cette fin d'après-midi d'été, Juliette Binoche estima nécessaire de fixer les règles du jeu. Elle souhaitait que je reste en dehors de l'échange, qu'il n'y ait pas, en somme, de tiers susceptible d'interférer dans leur dialogue. Je devais me contenter de prendre note de ce qui se dirait, l'enregistrement faisant foi. J'acceptai. Plus que frustrant, cette mise sur la touche avait un petit je-ne-sais-quoi d'humiliant car Juliette Binoche m'avait livré ses conditions d'une manière qui m'apparut plutôt sèche, mais enfin, j'assumais en professionnel. J'obéissais aux ordres pour que ma mission aboutisse au mieux et je mis ma dignité de côté, du moins le pensais-je. La discussion s'engagea autour d'une citronnade. Ce qui se passa ensuite m'échappa. Enzo parlait. Il répondait de bonne grâce aux questions de Juliette mais ses propos semblaient l'ignorer. Il ne parlait que de lui. Pourquoi l'avait-elle choisi, que faisait-elle dans cette grande maison ? Pas un seul instant il ne s'en inquiéta et ce qui devait arriver se produisit. Peu à peu, Juliette commença à s'exaspérer du manque d'attention que le plongeur lui vouait. Il collait en cela assez superbement au personnage que l'on pouvait imaginer, buriné, introspectif et silencieux, attiré par les grands fonds et doté d'une résistance physique hors du commun. La nuit tomba et la température fraîchit. Autour de nous et tandis que le bruissement des insectes qui allait s'amplifiant s'insinuait dans la conversation pour chatouiller mes bandes magnétiques, le monologue se tarit. Par chance, vint le moment de passer à table. Un factotum avait surgi des abysses, en tee-shirt et jean, les cheveux longs et le visage mangé par une barbe de quelques jours. Il se déplaçait sans bruit et l'on ne pouvait se défaire de l'idée ou du fantasme que cet individu au charme d'acteur débutant était peut-être pour celle qui nous recevait plus qu'un domestique. Nous nous assîmes à la table dont le plateau était éclairé par une lampe suspendue juste au-dessus. Autour de nous s'étoffaient des ténèbres diaphanes. La nuit était claire, magique. Le carnaval des élytres tournait au tambourinage, cela grinçait, crissait, ululait dans tous les coins. Juliette, assise à ma droite, semblait de feu. Je la sentais bouillir et ce qui couvait jaillit. Elle s'emporta et je fis les frais de sa froide colère. À l'entendre, j'avais été en dessous de tout, je n'avais pas agi tel que j'aurais dû. Je n'avais pas prononcé une parole, pas dit un mot, pas fait un geste… C'était d'autant plus choquant qu'elle déversait sa bile devant un Enzo stupéfait par l'inélégance de son attitude, car il devait deviner, à ses joues empourprées, à ses regards noirs, qu'elle lui en voulait de l'avoir à ce point négligée. Attaqué comme je l'étais, secoué par la violence de ses accusations, j'eus la maigre satisfaction d'entendre le photographe prendre ma défense en rappelant à Juliette que c'était elle et bien elle qui, d'entrée, m'avait délibérément exclu de l'entretien et que je n'avais fait qu'obéir en me conformant à ses instructions. Je l'entends encore prononçant ces mots : « Ah mais c'est pas juste, c'est toi qui lui as dit de ne pas parler. » Je crois bien que dans ces années intrépides nous avions adopté le tutoiement dès notre arrivée, sans doute sous l'impulsion de Juliette elle-même. Les protestations du photographe n'eurent pas la force d'apaiser la situation car elle s'envenima. Juliette, de plus en plus tendue, assena que, dans ces conditions, elle ne se prêterait pas, le lendemain, à la séance de photos nécessaire au bouclage de l'article, et cette fois ce fut le photographe qui vacilla. Je revois Enzo assis sous la lampe, muet, toujours flanqué de son épouse qui, contrairement à lui, n'entendait rien à nos propos dont je ne sais plus s'ils s'échangeaient en français ou en anglais. Et là, j'eus, comme on dit, un coup de sang. Constatant la mortification du photographe, je sentis monter en moi une colère et sans la moindre parcelle de diplomatie je déclarai : « Eh bien puisque c'est comme ça, il n'y aura pas d'article non plus. On s'en va. » Et nous nous levâmes, tous. Nous ramassâmes nos affaires, gagnâmes le petit parking où, devant la maison, nous avions garé notre voiture de location et, sans m'occuper un seul instant de savoir si des propos conciliateurs s'échangeaient entre l'une et l'autre, je mis le moteur en marche et nous quittâmes les lieux. Ceux qui ont vécu un choc émotionnel, une agression, un accident de voiture sauront ce que je ressentais alors. J'étais vidé, K-O. Pas une parole ne s'échangea dans l'habitacle. Nous étions tous assommés. La suite se déroule de nuit. Juliette retrouve ses esprits. Elle appelle le photographe et au bout de je ne sais combien d'échanges chaotiques, ils s'entendent pour que notre équipe puisse le lendemain revenir sur zone, solder l'affaire. Retour à la case départ, toujours au volant. Je me gare et je la boucle. Pas un mot entre Juliette et moi, si ce n'est qu'au moment de partir elle me glisse un au revoir timide. Le photographe, lui, est aux anges. De Juliette, il a fait ce qu'il voulait. Comme amnésique, oublieuse de l'incident de la veille, elle s'était prêtée à toutes ses demandes, s'allongeant sur la table en pierre qui avait servi à l'entretien, souriante, disponible. Elle fut parfaite. Durant toute la séance, Enzo et sa femme étaient demeurés à l'écart, sous une tonnelle à l'ombre, et quant à moi, je n'étais même pas sorti de la voiture, car bien que rassuré sur les conséquences professionnelles de ma réaction explosive, je marinais dans ma fureur. Par la suite, je reçus deux lettres de Juliette Binoche et je crois pouvoir dire que, sans extrapoler un seul instant sur ce qu'elle avait ressenti en cette épreuve, qu'en ce qui me concerne sa beauté m'avait tellement bouleversé, tellement tapé sur le système, en sus de ce qu'elle m'avait imposé, qu'elle avait injecté en moi je ne sais quel poison. Et je crois pouvoir dire que ce que je ressentais elle l'avait senti. Et le mélange avait détoné.

Pendant des années, on me répéta que je ressemblais à l'écrivain et éditeur Jean-Marc Roberts. Nous avions, il est vrai, une stature identique et une chevelure du même métal ; d'autres choses en commun aussi, et d'abord Michèle Fitoussi. Ma consœur du ELLE avait entretenu avec l'auteur encensé à 18 ans pour son roman *Affaires étrangères* une relation passionnelle dont le secret était très éventé. À la fin des années 80, comme j'écrivais pour le journal un article sur la honte, ce sentiment fondamental que je chéris à l'égal de la peur, j'étais allé rencontrer l'éditeur planqué aux éditions du Seuil, dans son isba de la rue Jacob. L'intrigue d'un de ses romans collait à mon sujet. En pénétrant dans son petit bureau sis en haut d'une volée de marches en bois, apercevant trois ou quatre piles de ses livres collées contre le mur derrière son fauteuil, je n'avais pu m'empêcher de lui dire, en préambule un peu osé : « Avec tous ces invendus, vous aurez de quoi vous chauffer cet hiver. » Il est probable que cette idée saugrenue m'avait été inspirée par l'aspect campagnard et feu de bois de ce refuge en pleine ville qu'une âcre odeur de résine parfume encore dans mes souvenirs. Nous discutâmes et, dans un glissando imperceptible, nous passâmes sans même nous en apercevoir du sujet de mon article à la difficulté de vivre nos passions amoureuses. Et tandis que nous devisions comme deux vieillards revenus déjà des tempêtes émotives, je lui racontai combien ce que je vivais alors virait à l'impasse. J'étais retombé amoureux de celle qui avait été ma première source de félicité et serait bientôt source de douleurs. Elle vivait à Bruxelles et mes allers et retours pour la Belgique structuraient mon emploi du temps. Je n'étais pas dupe de la catastrophe qui s'annonçait et d'ailleurs celle-ci s'avérerait plus sévère encore que je ne me l'imaginais alors. Elle devait divorcer, elle n'en fit rien ou bien le fit trop tard, bref l'affaire est connue, déjà évoquée, elle est banale, tragique et lamentable. Ce qui l'est moins, c'est la suite. Lancé dans une série d'articles pour le magazine sur la résistance à la mafia en Sicile, je décidais d'en tirer un livre. Je vins alors le proposer à Jean-Marc Roberts, qui m'avait si bien reçu dans son ermitage d'arrière-cour. Il m'écouta et, constatant que ma proposition n'entrait pas dans son champ d'éditeur de fiction, il me dirigea vers le responsable en titre des documents, Patrick Rotman. L'auteur de *Génération*, le biographe d'Yves Montand et de tant d'autres ouvrages et films m'accueillit avec chaleur. Nous étions en 1991. J'écrivis le livre *La Vie blindée. Seuls contre la mafia* et Patrick Rotman m'attribua comme attachée de presse Élisabeth Franck, que j'allais épouser des années plus tard. Ainsi, c'est bien par le journal, par Michèle Fitoussi puis Jean-Marc Roberts et la mafia que je me suis retrouvé époux. Si ma femme ne fut pas à proprement parler issue du magazine ELLE, elle en fut comme une de ses destinations.

Il nous fallut trois années pour glisser du statut professionnel à l'intime. Vint le jour où, sautant le pas, j'invitais Élisabeth à dîner, mais parce que le démon du hasard, ce costume que Dieu revêt pour se présenter aux hommes, s'agitait autour de moi, frissonnant de ses moustaches et bousculant les agendas, le journal m'appela en catastrophe. Nous venions de décrocher l'interview sur un set de tournage de deux mégastars et j'étais désigné pour la mener à bien. Seule contrainte, cavaler chez moi, boucler un sac et filer droit vers l'aéroport de Roissy-Charles-de-Gaulle pour m'envoler fissa pour Pittsburgh, Pennsylvanie, ce que je fis. Arrivé sur place en compagnie de François Forestier, le journaliste spécialiste du cinéma au *Nouvel Observateur*, je pris mon courage à deux mains et j'appelai celle que j'aurais dû rencontrer le soir même pour lui annoncer que notre rendez-vous était repoussé, car à sa place je devais dîner… avec Sharon Stone, ce qui était absolument exact. Comme on ne prête qu'aux riches, ma promise s'imagina qu'elle ne ferait jamais le poids face au mastodonte qui avait enflammé *Basic Instinct* de Paul Verhoeven, persuadée sans doute que, journaliste à ELLE, je ne faisais mon ordinaire que de stars et d'oscarisées. Celle qui ne fit pas le poids en attendant, ce fut Isabelle Adjani, présente elle aussi au générique de ce remake des *Diaboliques* d'Henri-Georges Clouzot, et dont l'étoile nous sembla bien terne comparée à celle de l'artiste américaine. Autant Sharon Stone, lumineuse, s'exprimait et même nous surprenait – d'un journaliste allemand qui lui demandait ce que cela lui avait fait de jouer nue dans *Basic Instinct*, elle avait saisi le visage pour l'embrasser sur les lèvres –, autant notre vedette nationale, dont la face me semblait retouchée jusqu'à lui donner des airs de hamster jovial, nous décevait. Elle alignait les propos niais et, à l'entendre, tout sur ce tournage était formidable, idyllique, ce que la présence massive d'agents de sécurité démentait. De ce voyage dans une région que l'été indien embrasait de mauve et d'acajou il me reste la vision du père de Sharon Stone, esseulé, s'ennuyant sur le set, à qui la production m'avait interdit de parler. Et plus encore celle d'un sandwich effroyable que je dévorais avec François Forestier au comptoir d'un routier vers minuit. Comme nous mordions dans cette pyramide de pain de mie, de cornichons, de câpres, de tomates, de bœuf nappé de ketchup et de mayonnaise et de je ne sais quelle mixture encore, constatant avec effroi que la moitié de la cargaison nutritive s'échappait des tranches à chaque coup de mâchoire pour s'écraser entre nos pieds, mon camarade de bâfrée eut cette remarque savoureuse : « J'ai toujours pensé que les meilleurs sandwichs sont ceux qu'on mange au-dessus d'un évier. Celui-là en fait partie. »

Il m'avait donc fallu quérir à l'extérieur du magazine ce qui s'y trouvait partout disséminé, des femmes, des femmes et potentiellement peut-être MA femme. Sans doute, en délaissant les troupes du navire amiral, avais-je agi avec prudence car bien qu'averti du fait que nombre d'unions s'initiaient sur le lieu de travail, je savais aussi qu'une « affaire au bureau » tournant au vinaigre pouvait virer au carnage. Rien de plus déplaisant qu'une aigreur insinuée dans un sommaire, des comptes à régler, des jalousies inassouvies et, pire peut-être, une langueur d'amoureux éconduit. La prudence avait eu raison de la passion. Et de cette prudence soudain jaillit le feu.

S'ouvrit une période où j'eus l'impression de frôler la mitraille. Par le hasard des castings conduits dans le secret des officines de la direction des ressources humaines, la rédaction en chef du magazine ELLE fut prise en main, une seconde fois, par un homme. Si, dans l'armada des reporters grands ou lambda, j'évoluais en solo, il fallait semble-t-il qu'un gars s'imposât toujours dans le cockpit, qu'un mâle s'assît dans l'un des fauteuils où se décidait l'avenir du premier magazine féminin français. Et c'est ainsi que, à la suite de la tragique défection de Jean-Dominique Bauby, Serge Raffy fut bombardé « red-chef du mag ». Or, cela me posait un problème personnel car ce Serge était proche de l'ex-mari de ma femme. Fin et fort civil, Serge Raffy dut sentir lui aussi les effets funestes de cet imbroglio car il s'appliqua à les tenir à distance et je l'en remercie. Conscients du hors-champ qui nimbait nos relations intimes, nous nous efforçâmes de le bouter hors nos murs. Pas une seule fois les affects sentimentaux ne vinrent interférer dans nos relations professionnelles. Lui et moi marchions sur des œufs, évitant avec soin tout ce qui aurait pu bousculer la stricte neutralité de nos rapports officiels. De cette époque un peu trouble, car Serge finit par prendre la porte pour d'autres raisons, il me reste une phrase qu'il prononça avec une certaine gourmandise littéraire. J'étais parti à Saint-Domingue faire un reportage sur une chanson qu'un article du *Monde* avait baptisée « le merengue qui tue ». Mon reportage devait paraître dans la déclinaison masculine du ELLE, finement titrée IL. Cette excroissance virile ne dura qu'un temps. C'était en vérité une assez mauvaise idée que de vouloir adjoindre au porte-avions féminin cette frégate pour messieurs. L'objectif était de rafler de nouvelles pages de pub, l'élégance masculine se doublant de plus en plus de préoccupations cosmétiques. Hélas l'engouement pour les parfums et les rasoirs ne suffit pas à transformer l'essai. En attendant, le supplément vivotait et il fallait bien que des tâcherons en remplissent les pages, obligation qui m'offrait de nouvelles pistes à explorer, sur un mode plus épaulé, façon para, et c'était tout bénéfice. La chanson de Ramon Orlando *El Venao*, « le cerf », fut un tube planétaire. Le monde hispanique s'en empara et bientôt il fut impossible, de Madrid à Caracas, de ne pas en fredonner l'air qui, sur un rythme martelé, mettait en scène des légions de cocus trahis par leur femme. Le message du titre était simple et direct et le refrain, « Oh dis-moi que ce sont des rumeurs, des rumeurs, et que quand j'étais à New York ou Porto Rico… », dévastateur. Les paroles déferlèrent et bientôt harcelèrent les esprits qui, faibles en synapses, ne l'étaient point en coutelas. Cela devint une mode de se moquer de son voisin de retour à la *casa*, en lui fredonnant aux oreilles, le regard fixé vers l'horizon « *El Venao, el venao* » (celui qui porte les cornes), histoire de lui glisser dans le crâne que durant son absence son épouse s'était envoyée en l'air avec son collègue de bureau, ses colocataires ou son meilleur ami. La chaleur tropicale, les piments et ce rythme fracassé firent qu'en l'espace de quelques semaines une trentaine de gaillards estourbirent leur femme soupçonnée d'adultère. Cette vague de féminicides fit désordre et la chanson fut interdite. Je revenais donc de cette île paradisiaque où j'avais dû jouer au chat et à la souris avec des flics corrompus, rencontré des victimes et des assassins, quand Serge Raffy, qui se piquait de vous expliquer comment écrire, ce qui était tout à la fois exaspérant et presque touchant, me livra cette formule espagnole, « *subirse como cerveza caliente* », « exploser comme une bière chaude ». Ce qui ne nous arriva jamais.

Tout un été, j'avais donc écumé la Sicile dans le but d'en rapporter une série de trois longs articles. Et j'y suis retourné par la suite, suffisamment souvent pour en tirer ce livre sur le quotidien des sections anti-mafia qui m'avait conduit au mariage. À Palerme, à Catane, à Naples et jusqu'au Val d'Aoste, j'avais baigné dans l'éclatante lumière de la Méditerranée, jouissant de cet art de vivre transalpin où le printemps semblait ne jamais devoir pâlir. Néanmoins, chaque nouvelle journée y avait ajouté son lot de drames et d'injustices. L'univers, résolu à me tromper, m'offrait d'idylliques images de farniente dont je ne percevais que la violence qui s'y trouvait terrée. Je ne vivais que de déséquilibres et mes penchants me tiraient vers le sépulcral quand, tout autour de moi, on s'émerveillait de tant de splendeurs. Miné par la noirceur de mes sujets d'enquête, je n'aurais vu de la tour de Pise que sa chute annoncée quand les touristes se seraient extasiés sur le miracle de son statisme indestructible. Je n'en eus jamais conscience, pris que j'étais par une actualité étincelante et lugubre, mais cette Italie dans laquelle j'évoluais aurait pu passer pour la métaphore de notre magazine. Éclatante de couleurs, de saveurs, de paysages idylliques, elle se donnait, avec ses mers et ses champs d'oliviers, des airs de paradis sur commande, vivante campagne de publicité pour des trésors en libre-service. Nous aussi, dans notre refuge de Neuilly, nous participions à une interminable croisière, et le clapotement d'une quotidienneté faite de vernissages, de soirées privées et de voyages de presse nous faisait oublier la dureté des temps présents. La cruauté du monde, ses fractures et son âpreté n'affleuraient dans nos échanges qu'au fil des conférences de rédaction. Alors se déversait le noir et blanc de la misère, de la déshumanisation des uns et de l'outrecuidante réussite des autres, une réalité sociale que la violence mafieuse éclaboussant l'arc-en-ciel de la *dolce vita* résumait. Nous en étions salis, mais si l'on s'arrimait à quelques détresses le temps d'un reportage, c'était dans l'espérance de s'en remettre toujours, dans des voluptés dont notre statut de privilégiés nous faisait les bénéficiaires. Gérard Manset en avait fait une chanson dans laquelle le refrain résumait le voyeurisme qui était le nôtre : « On enfile le manteau rouge, et les arbres bougent et le ciel va tomber ». Oui, nous aussi, nous enfilions ce manteau rouge le temps d'un shoot d'adrénaline. Certes, il arrivait que cela tourne mal et plus d'une veste de photographe ou de rédacteur s'est rougie du sang de son propriétaire mais, d'ordinaire, la bière fraîche partagée de retour à l'hôtel agissait comme un baume sur les rissolés du jour.

Lorsque les ventes fléchirent au début des années 2000, quand se raréfièrent les opportunités de vivre au-dessus de ce que nous permettaient nos salaires décents, toutefois sans commune mesure avec les revenus insultants des nouveaux tsars de la tech et de la finance, les mâchoires du réel soudain sur nos silhouettes se refermèrent. Et ceux qui avaient caracolé en classe business, dîné aux tables les plus somptueuses, fréquenté la jet-set et plongé dans des piscines turquoise, se retrouvèrent d'un coup sur le carreau. Sur le carreau de mine, oserait-on dire, car oui, nous avions chuté, réintégrant notre défroque de salariés, d'employés corvéables et nous n'étions plus rien d'autre que des anciens nantis qui se découvraient prolétaires, voués désormais à courir la pige et à surveiller leurs dépenses. L'ambivalence de la Sicile que j'avais labourée maintenant débordait, s'insinuait dans nos emplois du temps et nous gâchait l'ambiance. La société continuait de s'en mettre plein la panse mais nous qui en avions été les contemplateurs et les affidés en étions désormais exclus, ramenés au rang humiliant des variables d'ajustement du système, damnés et anciennes gloires, poussières déchues. Ce fut un choc et l'incompréhension se lisait sur plus d'un visage. Ce que les plus jeunes d'entre nous affrontaient, tirant le diable par la queue et les sonnettes à tout va, voilà qu'il nous fallait l'affronter de même, et ceux qui hier toisaient la terre entière, la carte de presse brandie vers le ciel tel un sésame, une oriflamme de complaisance, une canne-épée, se devaient de la mettre en sourdine. Nous étions finis, et basta ! « Soyez toujours aimable envers ceux qui descendent l'escalier quand vous le gravissez quatre à quatre, disait le sage, car viendra le jour où vous serez dans la pente. » Nous avions été prévenus mais nous n'écoutions personne et des marches d'escalier, nous ne connaissions que la marche en avant. Et maintenant c'était foutu.

Parmi les satellites qui gravitaient autour de l'astre principal, la direction du magazine, on comptait quelques figures.

F. en était une, homosexuel mondain, noceur, assez bon camarade, talentueux et suicidaire. Le tourbillon dans lequel il mijotait remisait au placard les petites existences des hétéros qui baisaient à heure fixe. Enjôleur, il arpenta les moquettes de notre magazine et pour finir se pendit dans sa garçonnière, et sa fin tragique m'apparaît aujourd'hui comme une métaphore de notre dégringolade. Architecte d'intérieur formé sur le tas, journaliste, auteur de divers ouvrages de décoration, il s'imposait par sa stature. Lui qui avait si longtemps gigoté sur la scène du Palace, au temps des folles soirées, remuait trop des bras pour demeurer terré dans les angles. Il parlait haut, buvait sec et déblayait les plats déposés sur les tables. F. était une sorte d'ogre, vorace et affamé. Il crapahutait dans les coulisses de la mode, partageant l'ordinaire des mannequins, et tapait dans la main des couturiers en vogue. Les Alaïa, les Toledano, les McQueen le considéraient avec chaleur et sa présence aux défilés comme dans les cocktails rassurait cet aréopage tout frémissant d'extravagances. Le monde de la fanfreluche tenait encore son rang et son thuriféraire s'y mouvait avec une sorte de rage tout à la fois gracieuse et désespérée. Il ne manquait pas de style. Il écrivait à la main, rédigeait ses articles en tirant la langue, ses lunettes à monture sombre lui glissant sur le nez. De noceur, il était devenu journaliste, il devint sur le tard conseiller de la rédaction. Ce terme ronflant signifiait pour commencer qu'il pouvait continuer de ponctionner la caisse. Et il ne s'en privait pas, justifiant ses dépenses par l'obligation d'entretenir quelques top models dont nous avions le plus constant besoin. Ainsi fut-il le confident de l'une d'elles, qu'il suivit jusqu'à ses noces. Il fut le parrain de son fils et son factotum. Elle l'adorait. Pourquoi mit-il fin à ses jours ? On subodore quelque détresse d'amant trahi par de plus jeunes éphèbes. Le cas n'était pas rare et nous avions connu des directeurs de rédaction et des rédacteurs en chef, plumes auréolées de gloire fugace et stylistes de la prose, sombrer dans d'âcres déchéances. Quand nous aurions voulu agir pour contrecarrer l'inévitable dénouement, nous demeurions inertes, spectateurs accablés, ficelés par une trop grande intimité. Nonobstant, et à l'instar de ce malheureux F., les dérapages psychiques se succédaient au fil des saisons et de nos éditions spéciales mode et beauté. Certaines filles, celles que nulle vie de couple n'épaulait, dérapaient plus souvent que d'autres. L'une en particulier, loin de perdre pied d'un coup, s'ensevelissait petit à petit. Elle devenait fantasque, n'écoutait plus ses interlocuteurs ou bien alors ne saisissait de leurs propos que des bribes éparses. Elle semblait absorbée, comme tirée par une force sournoise qui lui sapait les méninges. Son visage se diluait, et si l'expression « marcher à côté de ses pompes » afflige, elle lui convenait pourtant. Comme elle se dissociait d'elle-même, ses propos devenaient filandreux, acrobatiques. Elle s'estompait au fil des jours et chacun pouvait constater que, sa figure s'allongeant, elle perdait pied en même temps que du poids. Cet amaigrissement notable, ces cernes qui soudain bordaient ses yeux annonçaient une plus grande débâcle. Sur un faux rythme erratique, elle entamait un processus de mue qui bientôt la déshabillait. Son décolleté s'échancrait, bouton après bouton, un le lundi, un autre le jeudi, puis deux d'un coup le lundi de la semaine suivante. Son chemisier béait, laissant entrevoir une bretelle de soutien-gorge, un pan de chair un peu plus pâle, et un matin, comme elle sortait de l'ascenseur, je découvris avec angoisse qu'un de ses seins pointait à tout va. Ce coup de gong signait sa dépression. Terrassée, elle disparaissait. On pouvait à cet effondrement trouver des causes enfouies et des détresses de famille. On supputait. Il est vrai que des cinglés, des patraques, des errants, notre compagnie n'en manquait pas. Il y eut beaucoup de cancers, à croire qu'entre nos murs on se repassait le flambeau des métastases, car sans discontinuer un de nos membres s'en trouvait hélas affligé. Il y eut encore des overdoses, il y eut des catastrophes, de l'alcool, des barbituriques et des gyrophares à minuit. Nous avions assisté, Anne-Marie Périer, la directrice du magazine, et moi-même, à la projection privée d'un film dont nous ne savions rien à l'avance. Ce fut une erreur. Nous étions dans cette grande salle les seuls spectateurs et nous subîmes deux heures durant l'inexorable avancée d'un cancer dont l'héroïne finissait par succomber. Nous en sortîmes anéantis. Par la suite et pendant quelques jours, s'il m'arrivait de croiser Anne-Marie dans un couloir, elle faisait mine de se palper le sein.

La violence intrinsèque des candidats au suicide étonne toujours quand elle s'immisce dans l'ordinaire. On les surprend d'abord à faire disparaître dans leur estomac une bonne dizaine de cachets d'une seule déglutition, comme pour mieux s'étouffer. Le mouvement sec du poignet qui les projette au fond de la gorge a la puissance d'un coup de marteau et la carafe d'eau qui les embarque, des airs de cataracte. Ainsi de ce F. qui lors d'un dîner saisissait les bouteilles de bordeaux, les retournait d'un mouvement brusque pour mieux remplir à ras bord les verres ballon des convives. Là où l'anorexique claquemure ses béances, serre les dents et se ferme afin que rien ne rentre, féculents, protéines ou sexe turgescent, le boulimique aspire la vie et suce le monde à s'en faire exploser les viscères. F. ne manquait pas de mordant. Il fut avec moi d'une courtoisie sans faille, irréprochable mais distant. Ses terrains de jeu m'étaient étrangers, ses engouements, exotiques. Je fus peiné de sa misère.

Les photographes, eux, voyaient tout. Masculins pour la plupart, ils vous déshabillaient d'un battement de cils. Leurs homologues de sexe féminin ne couraient pas les couloirs. On en comptait une poignée, souvent plus investies dans les studios de mode que sur les terrains boueux des bidonvilles et des tranchées. Je le déplorais. Car si mes consœurs s'embarquaient flanquées d'un mâle bardé d'appareils, je devais en faire de même, ce qui était moins excitant. Voilà pourquoi il m'arriva de regretter mon hétérosexualité quand, revenant sur la cinquantaine de voyages accomplis en compagnie de mon ami Guillaume Herbaut, je dus reconnaître que si nous avions été homosexuels, nous nous serions moins morfondus dans les hôtels sinistres où nous logeâmes, à La Oroya (Pérou), Shkodra (Albanie), Minsk (Biélorussie), Qom (Iran), Buea (Cameroun)... pour ne citer que quelques-unes de nos destinations sémillantes. Oui, les jours perdus à traîner dans des cités obscurcies par les fumées d'usine ou les cars de gendarmerie, ce goût permanent de limaille de fer qui s'insinuait dans nos sandwichs en carton, l'humidité crispante d'une neige abrasive infiltrée dans nos galoches, tout cela aurait volé en éclats si, de retour à l'hôtel... Mais non. Je devais donc me contenter de demeurer seul dans ma chambre, espérant que la prochaine pioche serait la bonne, qu'une photographe enfin m'accompagnerait. Qui sait si elle et moi n'aurions pas alors, dans un élan de consentement mutuel, je m'empresse de le souligner pour ne point tomber comme tombent aujourd'hui les fantassins de la vadrouille, connu, dans la torpeur d'un repos interlope, un brin d'extase, en somme une aventure.

Des compagnons de voyage, j'en fréquentais des cohortes, des comiques et de bien sombres, des gauchistes et des dandys. L'un d'eux possédait une Ferrari qu'il avait rachetée en lambeaux aux États-Unis pour la remonter de ses mains. Comme je lui avouais qu'ayant, dans ma jeunesse, piloté une 4L, je regrettais de ne pas en avoir acheté une, maintenant que la production, aux dires du fabricant, était abandonnée, il me répondit : « Oui, j'avais pensé moi aussi commencer une collection de populaires. » Apparemment, nous ne jouions pas dans la même cour. Comme ils différaient les uns des autres, ces photographes! Celui-là tombait les filles, cet autre dévorait ses repas comme le boa gobe des souris, le troisième vidait les minibars. L'un ne parlait pas français, l'autre ne parlait pas du tout, un autre encore parlait tout seul…

Tout de même, je fus, de rares fois, accompagné au cours de mes vadrouilles, de femmes estampillées Nikon, Canon ou Sony et ce fut tout un roman. Par hasard nous nous retrouvâmes, Hélène Bamberger et moi-même, à l'hôtel du Golfe à Ajaccio, le soir même où débuta la première guerre du Golfe. La folie des selfies n'avait pas encore saisi le monde et je me pris simplement en photo devant l'entrée de l'établissement, propulsé reporter de guerre par la magie des coïncidences, conscient tout de même de ma forfanterie. Le lendemain nous abordâmes un village dont le maire assassiné avait été remplacé à la tête de la municipalité par sa propre mère, tout de noir vêtue, admirable endeuillée dressée dans la neige qui soudain recouvrait le col de Vizzavona.

Certaines de ces photographes insupportaient les reporters du magazine. Hystériques, colériques, autoritaires... Elles avaient le don de se mettre à dos leurs semblables à calepin et je me suis retrouvé plus d'une fois en binôme avec l'une de ces furies ostracisées. Il semblait, peut-être était-ce là encore une conséquence de ma différence, de ma masculinité incongrue, que je fusse plus à même que les femmes du journal de les ramener à la raison, de faire retomber la pression, de les calmer. J'usais pour ce faire de quelques stratagèmes, mais le plus souvent je me contentais d'un coup de gueule. Ainsi la formidable photographe Claudine Doury, dont le charme et le talent débordent, était quelquefois prise d'une forme d'accélération généralisée qui la galvanisait jusqu'à la sortie de route. Elle se mettait à parler à toute vitesse et, selon la formule de Dostoïevski, il semblait alors que les mots sous sa langue se plaçaient au hasard. Comme elle maîtrisait le russe bien mieux que moi, elle me traduisait les propos des Ouzbeks croisés à Tachkent, Khiva ou Noukous et, sur sa lancée, ne pouvant s'interrompre, elle me traduisait aussi ce que disaient nos interlocuteurs en anglais, langue que je pratiquais fort bien, voire en français. Oui, elle se mettait à traduire le français en français, ce qui donnait à notre périple un air de chambre d'écho réchappée de l'IRCAM. Dans ces moments paroxysmiques où il fallait que j'intervienne, je tapais sur la table et je tonnais un bon coup mais froidement, assenant des formules définitives du genre « Maintenant, Claudine, ça suffit! ». Et soudain, comme réveillée d'un cauchemar ou fouettée d'un bain glacé, elle s'interrompait. Un silence curatif emplissait l'atmosphère et je la voyais sourire comme si elle-même, arrivée en haut d'une côte, reprenait ses esprits et découvrait dans le grand calme d'un bistrot, d'un bureau, d'une voiture, que la vie était belle, harmonieuse et douce et que, dans le secret des pulsations du monde, on pouvait entendre voleter un chant d'éternité.

Une autre, de la même catégorie, avait le don de partir en vrille quand la situation se tendait. Ce n'était ni par peur ni par inexpérience mais par angoisse, par crainte surtout de passer à côté du sujet, de rater l'instant crucial, le climax où le dénouement de cette pièce de théâtre que l'on rejouait à chaque reportage nous exploserait au visage. Dans ce moment de tension stratosphérique, elle devenait dingue. Elle paniquait, cavalait, bousculait le planning, et son chaos personnel devenait général. Mes consœurs en eurent un aperçu dans un autobus à Riyad, et si je ne sais plus exactement pourquoi, je sais qu'elle refusa soudain de photographier des femmes en tchador et qu'elle se couvrit de son abaya pour qu'on l'oublie. Pour ma part, environné d'autocars, ce qui me laisse à penser que la présence de ces fourgons, de ces mastodontes à cuirasses maculées de poussière, jouait à chaque fois le rôle de l'étincelle, je fus témoin de ce tourbillon qui l'ensorcelait. Cette fois, l'action se corsa à la frontière irano-afghane. Nous étions montés dans un car du HCR (le Haut Commissariat pour les réfugiés) blindé de malheureux poussés par les mollahs à déguerpir pour mieux regagner leur province exsangue. Sur l'immense terrain vague où se mêlaient misérables et policiers, volontaires de l'ONG Médecins du monde et semi-espions du BAFA, l'organisme perse chargé de surveiller les pourchassés, les journalistes, les personnels paramédicaux et, plus encore, de terrifier les réfugiés, il fallait descendre des autocars, présenter ses papiers et répondre à un interrogatoire cannibale. Les fonctionnaires à tronche d'empeigne du BAFA avaient choisi d'enfiler des uniformes bleu ciel identiques à ceux des médecins bénévoles des ONG, et cette fourberie suffisait à déboussoler les bousculés en guenilles tout affairés à tracter des paquets mal ficelés, tourmentés par la crainte permanente d'égarer ici ou là un fils, une fille, une vieille mère en déséquilibre sur ses béquilles. Bref, nous devions suivre une famille de Téhéran jusqu'à Hérat et, dans la cohue de la frontière, dans ce pandémonium à la *Mad Max*, nous l'avons perdue, et dans le même mouvement nous avons failli perdre la photographe, corps et âme, car non seulement elle disjoncta, mais encore disparut. Certes, le climat anxiogène de ce gigantesque terrain de football semé d'ornières où, dans une forêt de tentes, des foules unies dans la crainte sourde d'un attentat se télescopaient, il fallait du cœur et de la souplesse pour garder la tête froide. Et c'est ainsi que, cherchant à suivre notre photographe qui surnageait dans une mêlée de femmes voilées, Kaveh, le fixeur iranien, et moi-même avons collé au train des membres d'une famille

Avec le couturier Abulfazi Arabpur, ancien tailleur du Shah et grand maître du *labbadé* et du *qaba* des mollahs, dans la ville de Qom en Iran. Ce reportage sans femmes mais dans ELLE, me valut le prix Louis Hachette. Sur cette photo, je porte une chemise Hermès qu'Abulfazi essaie manifestement de m'arracher.

Le fixeur Kaveh Seyed Hosseini, le photographe Guillaume Herbaut et moi-même, sur une plage de la mer Caspienne au nord de l'Iran. Là où les hommes se baignaient en maillot de bain, les femmes conservaient leurs vêtements. Ensuite, l'imperméable, la robe et les bas trempés d'eau salée, elles se laissaient ensevelir avec volupté dans le sable.

qui s'est révélée ne pas être celle que nous accompagnions depuis le début. De loin, le groupe qui gigotait sous le cagnard avait toutes les apparences du bon cheval, mais de près il s'avéra qu'il s'en distinguait par la totalité de ses membres. Ensuite, la course s'accélère, nous grimpons dans un minibus conduit par un Afghan dont la barbe en pointe à la rousseur de henné lui donne des airs de Ben Laden, nous bouffons de la poussière par pelletées, et quand, cahotant devant les horribles latrines du camp de transit, nous exprimons notre souhait d'aller nous soulager ailleurs, plus loin sur le bord de la route, le chauffeur répond tout en écrasant l'accélérateur de son tas de tôle : « Pas question, y a des mines », et à ces mots, la photographe se calme d'un coup et je sens que je vais avoir envie de pisser.

À défaut de femmes photographes, je fus souvent flanqué de fixeuses. On sait ces acolytes indispensables, tout à la fois œil et répertoire, agenda et trombinoscope, connaissant tout et tout le monde, de l'escalier de service aux horaires des offices, rocs dans la tempête et fusibles dans l'incendie. Le mauvais choix en la matière se payait cher et je dus une fois ou deux en changer en cours d'enquête. Ce fut le cas à Nagasaki, où il me fallut piétiner la bienséance pour me débarrasser d'une assistante, au risque de lui faire perdre la face, de l'humilier considérablement et par voie de conséquence de travestir les Français dont nous étions les représentants en affreux barbares. À La Paz, je me séparai d'un fixeur exaspérant, ne serait-ce qu'en raison de son attitude tout en barbe et roulements d'épaules qui nous le rendait moins aimable. Dix jours au bout du monde s'écoulent avec une jolie femme mieux qu'avec un demi de mêlée. Bref, nous en connûmes avec chapeau (Minsk), bourrée (Kiev), impénétrable (Beijing), séductrice (Bucarest), à lunettes (Cracovie), en uniforme (Santiago du Chili), militante (Pondichéry)... Et puis il y eut la Kalmoukie. Et là, je dois dire que le piège se referma sur moi telle une mâchoire d'ours sur un tibia, car dans ce territoire autonome de l'ex-Union soviétique, sur cette terre que l'on n'atteignait qu'en se calant dans une carlingue à l'aéroport de Bikovo, infrastructure dont la fixeuse me signala, comme je m'étonnais de ne connaître aucune des destinations affichées sur les panneaux électroniques, qu'il s'agissait d'« un aéroport pour aller partout où c'est moche ». Oui, sur cette steppe où il n'y avait rien, pas même le président Kirsan Ilioumjinov, que nous pistions et que nous ne finîmes par coincer qu'à Moscou, notre fixeuse, qui ne correspondait en rien aux critères de mon idéal féminin, tomba en pâmoison quand elle me vit débarquer. Ensuite, elle ne cessa de me caresser la main, le bras, de me lancer des regards lourds et dans ses moments d'ivresse de se couler contre moi qui n'en menais pas large, sentant que, la vodka aidant, j'allais la voir autrement qu'elle n'était, perdant le sens des réalités jusqu'à basculer dans l'irrémédiable. Je ne fus pas souvent l'objet d'une telle adoration et je ne pouvais m'extraire de la pensée qu'il y avait chez cette brave femme un peu de la stupéfaction qu'on peut ressentir quand, assoiffé, on découvre sur une table une pleine carafe d'eau fraîche. À mon corps défendant, j'étais cette carafe, une oasis ayant un peu de bouteille. Je sus tenir mon rang. Sa défaite fut ma victoire mais dans le désert glacé des monts d'Elista, j'eus chaud, tout de même.

Sur certains photographes courait la rumeur de leurs constants succès. On assurait qu'untel, pourtant loin d'être un sex-symbol, emballait toutes les créatures dont il tirait le portrait et la silhouette. D'un autre, on me rapporta qu'au lendemain de l'interview d'une enseignante et comme son acolyte journaliste, déjà installé dans le train du retour, s'inquiétait de ne pas le voir à son côté, il surgit dans le wagon comme le train s'élançait et pour excuser son retard lâcha, modeste : « J'ai passé la nuit avec elle. Tu comprends, après les photos, il fallait bien que je la remercie. » Je dis : « Chapeau ! »

Il n'est pas faux de soutenir qu'un véritable esprit de famille gouvernait les relations humaines au sein du magazine. La nostalgie qui anime celles et ceux qui passèrent par le ELLE en est d'ailleurs la plus vibrante expression. Quand entre nous les souvenirs s'échangent, nous avons toutes et tous à l'esprit les moments délicieux que nous partageâmes, conscients de la chance inouïe qui fut la nôtre d'être de cette aventure. Nonobstant, j'ose dire que sous le vernis d'une camaraderie qui nous maintenait, nous les employés, dans une forme d'immaturité chronique, qui moulait nos rapports dans une sorte de pédagogisme scolaire, la réalité de l'entreprise se faisait jour. Elle s'affirma par l'absurde quand, bien décidés à démontrer à notre rédactrice en chef, Anne-Marie Périer, tout l'amour que nous lui portions, nous acceptâmes de nous déguiser. Il ne s'agissait pas de singer un mardi gras quelconque, de rejouer la fashion week en interne, mais de participer à une œuvre collective : un cliché. Pour ce faire, nous dûmes arriver, toutes et tous, vêtus de blanc. Était-ce une exigence de Jean-Marie Périer, qui devait présider la prise de vue ? Le résultat fut calamiteux. Sur cette photo, où seul le prétendant, la pièce rapportée, le futur mari, le chanteur

Michel Sardou, porte du noir, nous regardons vers le haut, la nuque en coude, tordue vers l'arrière. Au premier regard, on nous prendrait aisément pour un champ de tournesols contrariés. À rebours d'une blancheur virginale, nous donnons l'impression désagréable d'être les employés pâlichons d'une multinationale de la pétrochimie, Ugine-Kuhlmann ou approchant. Le malaise provient de cette participation massive de salariés aux festivités d'un couple de privilégiés. Tous, nous donnons le sentiment d'avoir été forcés et dans cette humiliante démonstration d'assujettissement se terre une violence sociale que cette photo ratée révèle malgré elle. Il est vrai qu'il y avait dans l'union d'une prêtresse de la presse people et d'une vedette populaire quelque chose de contre-nature, d'inapproprié, car ce Michel Sardou, tout de même, avait déchaîné la foudre des féministes avec ses chansons machistes, sa défense de la peine de mort et ses refrains de soudard. Personnellement, j'adorais gueuler à tue-tête « *Femmes des années 80. Mais femme jusqu'au bout des seins* », inoubliables paroles extraites de son tube sorti en 1981. Provocateur, cynique et sardonique, tel était ce Sardou soudainement intégré à notre tribu. Je ne peux aujourd'hui m'ôter de l'esprit que, dans ce magazine où l'on traquait les « fashion faux pas », il aurait fallu traquer aussi les faux pas moraux, les atteintes à l'éthique, mais le mélange des genres, cet engouement national qui fait des sagas familiales le ressort des best-sellers, qu'il s'agisse de successions enviées comme de sales histoires d'incestes, ne pouvait que s'enraciner dans nos sommaires. Pour une fois que le buzz « people » se déployait sur place, nous n'allions pas laisser filer la série d'images à *Point de vue* ou *France Dimanche*. Aussi fûmes-nous enrôlés. La photo porte une lourde responsabilité dans ce déplaisant sentiment que j'ai eu d'avoir été manipulé. Elle est médiocre et c'est regrettable, car en vérité notre élan chaleureux envers Anne-Marie n'était pas feint. Mais ce que Jean-Marie Périer, adorable individu pétri d'humanité, avait si bien su réaliser avec des vedettes yéyé, un pot-pourri de visages que le public se plairait à contempler en y collant des noms de célébrités, ne pouvait fonctionner avec les inconnus que nous étions, mais il aurait fallu pour le comprendre qu'une conscience de classe se substituât à une conscience de caste et, mieux encore, de casting.

Notre entreprise différait peu de celles qui, dans l'Hexagone et même au-delà, offraient à leurs employés des oripeaux de participation. Pour le dire avec franchise, l'intéressement aux bénéfices constituait pour nous toutes et tous un surplus monétaire appréciable. En l'on peut reconnaître que travailler dans le groupe Hachette Filipacchi, c'était bosser dans une entreprise soucieuse de ses salariés. Pour preuve, nous avions droit, chaque année, fin décembre, au traditionnel déjeuner de réveillon offert par la maison, moment crépusculaire où, sous les néons de la salle des maquettes, la totalité ou presque de la piétaille salariée fondait sur le champagne et les canapés. Sur les tables d'ordinaire vouées à l'étalage des pages à monter dégoulinaient le saumon, les huîtres et le foie gras. On s'empiffrait avant de prendre la tangente, de sortir de cet immeuble disgracieux dans lequel il était de plus en plus fréquent de dénicher une souris terrifiée, terrée dans un tiroir. Il me revient que ce buffet migra parfois dans des bureaux plus étroits encore où, la bousculade s'ajoutant à la mastication générale, la réception tournait à la cohue. Je m'interroge sur ce qui pouvait pousser mes consœurs à déblayer les zakouskis avec une telle ferveur. J'y voyais, moi, le couperet du salariat et je ne pouvais m'ôter de l'esprit que Marx n'avait pas tort quand il s'épanchait sur la récupération de la force de travail, levier de l'enrichissement des potentats qui nous tenaient en laisse. Sans doute suis-je victime de mon côté « peine à jouir », inapte à me rassasier de ce que l'instant peut m'offrir pour me combler, mais tout de même, cette déflagration de bouchons de champagne, cette volonté acharnée de s'empiffrer tous ensemble me coupaient l'appétit. D'autant plus qu'une fois cette bacchanale achevée, il faudrait la reprendre, et par deux fois, aux soirs des réveillons en famille ou entre amis.

Il y avait pire et, là encore, je reconnais que nous n'étions originaux en rien. Je sais que dans toutes les cantines d'entreprise la scène se joue et se rejoue, et si l'employé que j'étais, arrimé à sa carte d'accès au réfectoire, la trouvait saumâtre, que devaient penser les cuisiniers, les serveurs et les caissières obligés pour la cause d'intégrer la sarabande dérisoire des fiestas programmées ? C'était ainsi. À peine étions-nous sortis de la cabine de l'ascenseur que déjà tintaient à nos oreilles les flonflons de la journée à thème. Et d'un coup, par la magie d'un sombrero porté crânement sur une calvitie, le Mexique nous sautait au visage. Rompant enfin avec le lieu noir aux endives braisées ou le steak à cheval-frites, voilà que des gaillards en poncho nous proposaient sur un rythme ranchero échappé de baffles grésillants tacos et tortillas, haricots noirs et maïs en folie, et tout cela fraîchement nappé de piment et d'effluves de mezcal sans alcool. L'année se déroulait ainsi, dans une valse effrénée de chapeaux ridicules, coniques façon Hanoï, feutrés façon Tunis, à la Stetson pour une orgie texane ou louisianaise avec poulet cajun et patates douces. Ah, comme on riait derrière nos plateaux, quelle ambiance! Comme nous avions raison d'en profiter! Car il n'est pas impossible que bientôt, dans la vague entropique de culpabilité générale qui suinte à qui mieux mieux, il ne soit plus permis de singer ainsi des peuples et des nations. Allez savoir si, demain, un illuminé à la conscience plus aiguë que la vôtre ne s'offusquera pas de l'appropriation culturelle accomplie par un employé né en Seine-Saint-Denis d'une mère marocaine et d'un père antillais! Insouciant, l'imbécile qui croyait bien faire en portant sur sa tronche d'exploité un turban sikh et des babouches aux pieds! S'imaginait-il en sus et par cet acte frivole, festif et bon enfant, participer à la grande reconnaissance mutuelle des peuples? Crétin! Il insultait un milliard et demi d'Indiens. Alors fini la rigolade, fini le bal costumé entre la poire et le fromage. D'ailleurs, il ne restera bientôt plus que ces deux mets à croquer car, à l'avenir, seul le Cosaque aura le droit de confectionner son chicken Kiev et le Canadien sa poutine, plat dégueulasse, qu'entre nous il peut se garder!

On peut aisément assimiler un magazine à une cuisine. On y concocte un brouet dont les articles additionnés sont liés par la sauce de la titraille. De l'équipage, on tire les ingrédients. Telle journaliste pour le plat principal, telle autre pour les entrées, les épices ou les condiments. Dans ce garde-manger je me faisais l'effet d'avoir été calé sur ma clayette, bien à distance des bacs principaux. Dans ce sentiment de mise à l'écart, de ghettoïsation douce, j'avais ma part. J'étais autre et le savais mais j'évitais de le clamer trop fort. Aurait-il fallu, à rebours de mes évitements, qu'au sein même de mon magazine je me sentisse bougrement viril pour monter au créneau et défendre mon genre ? Je reconnais que je bottais en touche. Dès qu'un débat s'ouvrait dans le journal, il m'apparaissait qu'à défaut de réagir en fonction de mon sexe je réagissais certes toujours en minoritaire mais d'une manière superlative. J'étais juif et si, controverse étant, il me fallait choisir un camp, j'osais prévenir, avec un zeste de provocation, que je me rangerais toujours du côté des Fitoussi plutôt que des Gandin ou des Dupuis et ce, quelle que soit la question posée, car dans cette assemblée je me sentais juif avant d'être homme. Le ridicule de la formule saute aux yeux et m'en rappelle une autre que signa Henri Troyat – il faut parfois citer ses maîtres –, lui qui avait écrit cette assertion climatopsychique : « Avant d'être femme, elle était russe », ce qui dans une certaine mesure ouvrait la voie à la critique actuelle qui conspue un monde par trop genré et préfère au sexe réducteur l'origine géographique et le derme pigmenté. En biaisant, j'évitais de me positionner en mâle. La tâche m'apparaissait au-delà de mes compétences car il m'aurait fallu jouer de la corde raide, sauter sur un pied, cracher du feu et m'affirmer comme un as du bilboquet, ce qu'en vérité j'étais à mes heures perdues. Je possède une dextérité stupéfiante et quand je tire, je touche. Aux fléchettes, comme à la carabine, dans les foires et Luna Parks, j'ai fait mes preuves, et mieux encore dans les bowlings comme à Hiroshima, où j'excellais au-delà de toute expectative, remportant trophée sur trophée, des soupes de pâtes instantanées, et même une quille géante dont je me délestai à un carrefour. J'ajoute que pour avoir une fois, une seule, tiré à l'arc, j'entendis le professeur posant au sol son carquois me dire avec respect : « Monsieur a du trait. » Toutefois, si mes camarades de l'extérieur enviaient ma solitude d'homme jeté quasi nu dans une mer d'amazones, je dois avouer que je les aurais déçus. Mes conquêtes demeuraient raisonnables. Elles furent décentes, au mieux. Car, persuadé qu'à terme les histoires de cul se terminent en pugilat, j'avais intégré une règle de bon sens : ne jamais transformer son bureau en terrain de chasse à courre. Je ne nie pas que je fantasmais comme tout le monde sur telle et telle de mes collègues que je voyais se déhancher dans les couloirs ou décroiser les jambes, et il m'arrivait de m'imaginer engagé avec elle dans des relations où nos ébats sexuels prendraient le pas sur nos débats d'idées. Je les passais en revue, m'interrogeant sur les ressorts secrets qui me faisaient pencher vers l'une plutôt que l'autre. Je ne dirais pas que j'éprouvais du désir mais l'hypothèse d'un passage à l'acte émoustillait l'ordinaire. Reste qu'on ne saurait survivre en érection permanente dans un magazine féminin ! Cela reviendrait à enfermer un boulimique dans une « macaronnerie », comme on le lit maintenant au fronton des commerces de bouche dans nos plus beaux villages fleuris. Tout de même, une blonde décapante avait failli me tomber dans les bras. Un samedi, en route pour la cueillir chez elle avant de filer dans une maison de campagne où nous aurions fait lit commun, je braquais devant la Closerie des Lilas quand une Mercedes bourrée de Portugais vint emboutir ma VW Coccinelle. C'en était fini de notre week-end torride et nous en restâmes au stade du fantasme. Le lendemain, un type lambda, de retour à Paris, rendit visite à ma promise et ce qui devait arriver arriva, ils se marièrent et eurent deux beaux enfants. Soit, mais pour se rattraper, celle qui m'avait délaissé pour un autre me livra un scoop. La jolie jeune fille qui officiait dans un bureau excentré du service des éditions internationales et sur laquelle j'avais flashé à plusieurs reprises était libre. J'en vins aussitôt à sacraliser les Portugais. Contact fut pris et nous filâmes une amourette qui s'acheva sans douleurs excessives. Entre-temps, j'avais eu la joie de découvrir sa resserre, une sorte d'isba suspendue à la cime d'un vieil immeuble du quartier de l'Opéra. En été, les effluves des bouillons japonais parfumaient le papier peint. Cela dura son temps puis s'étiola. Elle tomba alors amoureuse d'un homme marié, fort actif dans un autre magazine voisin, sis au même étage du bâtiment que nous occupions. Des années plus tard, quand tout ce beau monde se fut recasé, j'allais parfois débaucher mon alter ego pour l'entraîner jusqu'au bureau de notre ex. Nous nous en approchions à pas de loup, je me positionnais derrière elle, et la saisissant par le cou je criais très fort pour être entendu de toutes ses collègues : « Y a tes fiancés ! » Ce n'était pas bien malin mais cela nous faisait rire. Nous étions peu nombreux et nous étions peu de chose.

Dans le discours que je fis en 2009, au soir de mon mariage, je me permis une requête à l'égard de la direction du magazine. Une forte escouade de mes consœurs assistait à la noce et, puisque notre directrice, Valérie Toranian, était présente elle aussi, je lui réclamai devant témoins l'obtention d'une prime de risque. Maintenant que j'étais casé, évoluer au ELLE m'obligeait à traverser quotidiennement un champ de mines. Les tentations ne manqueraient pas et, en tout bien tout honneur, nul ne pouvait jurer que la passion ne naîtrait pas d'une rencontre entre deux reportages ou bien encore en quelque point exotique de notre effervescente planète. En vérité, j'avais déjà évoqué le danger que représentait le fait d'être l'un des rares hommes perdus dans cette rédaction féminine. Dans un édito de 1991, intitulé « Harcelant ! », j'exprimais ma crainte de devoir me rendre chaque jour au bureau, maintenant que l'Assemblée nationale avait adopté un texte faisant du harcèlement un délit sexuel à part entière. « Je garde les yeux baissés, je rase les murs. » Ne serais-je pas, à mon corps défendant, accusé un beau jour de je ne sais quelle vilenie ? D'avoir malencontreusement effleuré le poignet d'une de mes semblables ? J'en rajoutais sans me douter qu'un jour ces craintes seraient réelles, que l'on éviterait de faire un compliment, de dire d'une robe qu'elle seyait à sa propriétaire ou que sa coiffure l'avantageait. Le ver était dans le fruit et tous les fruits étaient des pommes, vouant ceux qui les croqueraient à la damnation du tribunal et des réseaux. C'était il y a trente ans, ce qui démontre aussi que l'on se trompe quand on s'imagine que le raidissement de notre monde est récent. Mais il est vrai qu'à l'époque, et que l'on m'ait confié la page éditoriale en est la preuve, les autorités en place ne soutenaient pas la dérive encore à ce stade, fantasmée. La question s'abordait avec humour, fût-il empreint d'une sourde angoisse. Avions-nous tort d'être légers ? C'est possible et même probable mais cela ne prouve en rien que nous ayons raison d'être si lourds aujourd'hui.

S'il faut apporter des preuves de la décontraction qui était alors la nôtre et que l'on qualifierait désormais d'inconscience, je citerai la manière dont nous traitâmes le scandale qui, en 1998, avait éclaboussé Bill Clinton. On se souvient que le président des États-Unis d'Amérique avait menti au sujet de ses relations avec Monica Lewinsky, dissimulant des rapports que des taches suspectes constellant la robe bleue de son assistante avaient rendus patents. En fidèle actrice de la mode, le ELLE porta son regard sur ces traces de « fluide physique » accusatrices. C'est Anne-Marie Périer qui m'avait poussé à le mettre en scène sur deux pages dans le ELLE info hebdo, rubrique d'entrée où se traitait l'actualité chaude, et je me souviens qu'elle avait ajouté : « On va se payer une bonne connerie. » Et c'était le cas, puisque j'y vantais le jean traité au « Teflon déperlant », qui aurait permis d'éliminer toute bigarrure déplacée. L'article baptisé « Le jean qui aurait pu sauver Clinton » est agrémenté de trois silhouettes de Lewinsky, l'une en robe, la deuxième en culotte et soutien-gorge, et la dernière en jean et corsage blanc. Les illustrations sont signées par le dessinateur de mode Serge Peynet. « Habillez votre Monica ! » claque dans la page, avec son point d'exclamation. Le texte apparaît aujourd'hui dément et il l'est car on y lit : « Si vous n'êtes pas contre le fait que le Président prenne un peu de bon temps avec ses secrétaires et ses employées (Hillary comprendra, elle sait ce que c'est que de travailler dur) »… etc. Mais c'était ainsi, nous pouvions rire encore avec ce qui désormais semble intouchable. Drôle d'époque.

L'image dégradée des femmes, question récurrente et préoccupante, était pourtant à l'ordre du jour, y compris chez nous puisque, quelques semaines plus tôt, j'avais signé un article sur le machisme dans le milieu du rap français. Nous voulions comprendre pourquoi cet univers demeurait fermé aux talents féminins. Je ne fus pas déçu par la déferlante de propos carabinés à la testostérone que l'on me déversa par tombereaux. La scène était alors tenue par les stars Stomy Bugsy, Ärsenik, Passi, Oxmo Puccino et quelques autres, et dans ces salles de spectacle où la baston semblait de rigueur, il n'était pas rare qu'une soirée rap soit baptisée « concert bite à la main ». Tasspé, *bitch*, salope, ces expressions fleuries n'encombraient pas que les répertoires des tubes du moment, elles fusaient de partout et les relations homme/femme semblaient gouvernées par une agressivité incoercible. Au cours de cette enquête haute en couleur, des critiques, des techniciens, des producteurs m'expliquèrent que les filles ne perceraient jamais dans ce milieu parce qu'« elles foutaient la merde. Elles arrivent dans un studio, commencent par draguer l'ingénieur du son, finissent par coucher avec lui et après, quand celui-ci se remet avec sa légitime, elles poussent des hauts cris. Alors, l'ingé son leur dit de la boucler parce qu'elles lui doivent le respect ». « Les filles, disait un autre, elles quêtent des autographes mais c'est au plumard qu'elles obtiennent les signatures. » Suite à cet article, un groupe de rap très célèbre de Marseille menaça de me traîner en justice. Imaginez un peu, le ELLE accusé par des rappeurs de diffamation pour les avoir traités de machos ! C'était une aubaine. Je signifiai à l'attachée de presse qui nous menaçait des tribunaux que ce procès, le journal l'acceptait, convaincu qu'il nous assurerait une publicité énorme. Mon interlocutrice perdit un peu de son arrogance. Elle raccrocha et du procès nous n'entendîmes plus jamais parler. Ce qui surprend en vérité dans cet épisode, c'est la liberté de ton du reportage, l'audace de ce que l'on pouvait y lire et que j'avais écrit. Engagés dans la défense des femmes, dans la condamnation de ce qu'elles subissaient, nous pouvions encore appeler les choses par leur nom. Les périphrases étaient remisées au placard, une bite était une bite et quand un rappeur se vantait de la coller dans la bouche des tasspés qu'il séduisait, on ne lissait pas ses propos, on les imprimait. J'ai lu récemment dans un très bon roman traduit en français « X a employé deux fois le mot commençant par N ». Je suppose qu'en anglais c'est écrit de la même manière car désormais révéler des propos racistes pour les dénoncer revient à soutenir le racisme. L'ennemi ne doit plus avoir de nom. À l'époque, les femmes, elles aussi, rêvaient d'intégrer ce monde qui les rejetait. Elles y réussirent évidemment mais, de leur succès, une plus grande confusion germa car il fallut taire ce qui méritait d'être dit, exposé en public et dénoncé.

Dans les derniers temps de ma présence au sein de la rédaction du ELLE, je fus appelé à me rendre dans le plus grand collège et lycée technique de la région parisienne. Professeurs et direction de l'établissement voulaient me faire part de leur désarroi, s'épancher, nous raconter leur quotidien miné par une violence de plus en plus extrême. Dans l'intimité de son bureau, le proviseur m'avait alors fait une confidence. M'expliquant que les filles suivaient des cours d'esthétique et de coiffure quand leurs alter ego masculins « faisaient » tôlerie et mécanique, il ajouta que, le soir, les filles allaient rejoindre les garçons dans leur atelier et il conclut : « Je ne dis pas qu'il y a des viols mais je me suis occupé personnellement de pas mal d'avortements. » C'était une bombe tout de même et j'en rendis compte de la manière la plus crue dans mon article. À cette révélation qui disait beaucoup et des mœurs en vigueur et de l'attention de la direction aux souffrances des plus vulnérables, s'ajoutait un pan plus polémique. Une professeure de français m'avait raconté que, désireuse d'emmener les élèves de sa classe en Espagne, elle entendit une adolescente lui expliquer qu'elle ne pourrait participer à ce déplacement car « dans l'islam il est dit qu'il est interdit à une fille de partir plus de deux jours sans chaperon ». « Mais où as-tu lu cela ? » lui avait demandé la professeure. « Je l'ai lu sur Islam.fr », avait-elle répondu, révélant ainsi l'abîme d'inculture qui minait toute cette jeunesse dont elle faisait partie. J'avais écrit mon article et l'avais transmis à la rédaction en chef « magazine », suivant ainsi le parcours classique de notre prose, et je pensais déjà à autre chose quand je découvris que de mon texte on en avait réécrit le principal. Le mot « avortement » était devenu « interruption volontaire de grossesse », ce qui était grotesque car personne ne parlait ainsi dans la vraie vie et surtout pas dans ce collège de la banlieue nord et, pire, « Islam.fr » était devenu « Internet », sabrant tout ce qui faisait le sel de cet aveu, pour dérangeant qu'il fût. Peu de temps s'écoula entre ce faux pas de la direction et mon départ du magazine. Il me semblait que les réactions craintives et absurdes de ma hiérarchie explicitaient à elles seules le désamour du lectorat pour notre presse devenue un robinet d'eau tiède, indifférente, par peur et autocensure, à la célèbre incantation d'Albert Londres, « Toujours porter le fer dans la plaie ».

La question de l'islam politique a tardé à s'inviter au sommaire, mais une fois en place elle n'a cessé de prendre du poids. Il fallut pour commencer l'émergence en 2003 du mouvement Ni putes ni soumises et l'énergie de sa fondatrice, Fadela Amara, pour que le magazine s'empare de la question du voile. Je la revois assise parmi nous, tout affairée à nous expliquer ce que vivaient ses sœurs maghrébines dans ce que désormais on appelait les « quartiers ». « Vous, disait-elle, vous ne risquerez jamais de devoir revêtir un voile pour sortir de chez vous, mais songez à toutes celles qui ne peuvent échapper à cette oppression. » Et elle nous convainquit. Le journal s'engagea dans le combat qui devait aboutir au vote d'une loi interdisant le port du voile dans l'espace public. Nous fûmes ensuite au côté de Natalia Baleato, la directrice de la crèche Baby-Loup de Chanteloup-les-Vignes, dans sa lutte pour maintenir la laïcité au sein de son établissement. Et surtout je rencontrai Kahina Benziane dont la sœur, Sohane, avait été retrouvée brûlée vive dans un local à poubelles de Vitry-sur-Seine. Son témoignage fut bouleversant, sa combativité tout autant. En 2010, Kahina participa aux États généraux de la femme organisés par le magazine ELLE. Je tentai par la suite de l'aider à trouver un emploi. Nous nous revîmes une fois. Au rendez-vous suivant, elle ne vint pas, sans explication, et je l'ai perdue de vue.

Au fil des années, un certain flou s'est immiscé dans notre positionnement. Le droit au port du voile s'est retrouvé brandi par des militantes qui se réclamaient d'un post-féminisme agressif et l'argument que m'avaient tant de fois opposé les tenants d'un rigorisme religieux en Iran était désormais le leur : interdire le voile était contraire à la démocratie, les laïcards étaient les oppresseurs, on pouvait être voilée et féministe. Dire que le wokisme imbibait nos colonnes est sans doute excessif, nous n'en avions pas même conscience, mais le mouvement de bascule était en marche et dans le désir de s'afficher aux côtés de toutes les minorités, en les plaçant sur le même plan, en juxtaposant femmes, homosexuels, Noirs, décolonisés, en rabattant une catégorie sur l'autre, le magazine finit, danger mortel, par ne plus rien savoir de ce qui pouvait encore le différencier de la masse des productions parallèles ou concurrentes. Qu'était-ce alors qu'un féminin ?

ELLES ET MOI

Après trente années passées au sein du ELLE, je regarde avec un certain accablement les affaires de mœurs éclater comme autant de scandales, bulles de savon, fusées d'artifice ou mines déposées là, enfouies bien profond et qui soudain affleurent, fulminent et pètent. Que je ne sois pas aujourd'hui l'objet de la moindre accusation de harcèlement pourrait presque paraître insultant au regard de toutes ces affaires où la virilité, certes calée sur un registre funeste, n'en est pas moins exhibée. De par ma position dans un magazine où l'égalité des salaires entre les sexes et la juste répartition des postes managériaux nous épargnaient de barboter dans un machisme dont je devine la prévalence hors nos murs, j'ai connu des années de connivence apaisée. Les rares fois où il m'est arrivé de me retrouver dans des univers moins éclairés, j'ai senti le vent du boulet gaulois, celui de la gaudriole et de la bassesse, me caresser les omoplates. Lors d'un match de rugby disputé au stade Jean-Bouin, auquel j'avais été convié par une grosse boîte d'électronique, je fus stupéfait, et sans doute étais-je bien nigaud de l'être, de la vulgarité des propos de mes voisins, par ailleurs éminemment sympathiques, qui dans un même torrent de salasseries écœurantes enveloppaient les gonzesses et les fiottes, les fendues et les enculés. C'était fort éclairant. Il suffit d'ailleurs de traîner dans les rayons farces et attrapes, réjouissances d'anniversaires ou de départs en retraite des grands magasins discount de la chaîne Centrakor, dont le territoire français se couvre à toute berzingue, pour toucher du doigt ce que beaucoup de mes compatriotes touchent avec bien d'autres choses. Le rayon dédié aux fêtes entre collègues est magnifique, faux zobs et chattes en plastique, « costume de bite pour… les soirées qui partent en couilles » et phallus frappés de l'inscription « queue du bonheur » vous comblent d'un sentiment diffus d'horreur et de gratitude. Horreur de songer qu'il a fallu des chefs d'entreprise, des designers, des chaînes de fabrication, chinoises probablement, et de distribution pour encombrer le marché de ces montagnes de merdes, gratitude encore de savoir que l'on a baigné, sa vie durant, dans un monde protégé où l'humour restait encore en partie cérébral, un univers où les hormones patientaient, sans pour autant être tenues en laisse. Ces bites disséminées partout, encombrant les bureaux et le glaçage des gâteaux à chaque événement capital, on m'en avait décrit la marée. On m'avait dit comment, dans des entreprises lambda, des employés niveau bac + 4 en collaient sur les écrans des ordinateurs de leurs collègues féminines, décorations que celles-ci découvraient au petit matin et qui occasionnaient chez elles des rires gras imposés par l'obligation de ne point casser l'ambiance, de ne point jouer en solo, attitude qui aurait nui à l'esprit d'équipe. Décidément, Alain Finkielkraut avait bien eu raison de dire combien la culture d'entreprise est d'abord une culture de gang. Celle-ci n'affleura jamais en nos murs et je dois en remercier mes consœurs qui de leur côté ne me jetèrent jamais au visage une féminité agressive, débauchée et homophage. Chacune sut se tenir, ce qui ne va pas de soi dans un monde où la satisfaction se doit d'être immédiate et non bornée. Je me souviens toutefois qu'un jour Édouard Dutour, qui fut embauché dans le magazine bien des années après que je l'eus été, avait dû expliquer à je ne sais plus qui qu'avoir un sexe entre les jambes n'était pas particulièrement invalidant, qu'on savait très bien où le caler, question d'habitude, et qu'on vivait en vérité avec sans y penser. Nous du moins, mais ce n'était pas, semble-t-il, le cas de tous mes contemporains. Il suffisait d'ailleurs de sortir de notre bulle, d'échapper au cocon protecteur pour glisser aussitôt dans des univers moins seyants où les traditions se manifestaient aux terrasses des bistrots. À Madrid, où nous errions en bande au soir d'un vernissage, le festival Photoespaña attirait alors des foules d'aficionados ; j'avais estimé qu'aux alentours de 2 heures du matin il n'était pas totalement absurde de freiner sur le vin rouge, les digestifs et les cocktails. Que n'avais-je entendu alors en commandant autre chose qu'un xérès, un cognac ou bien encore *una caña*, un demi de bière ! La remarque légèrement désobligeante d'une habituée de ces nuits bien arrosées m'avait cloué au pilori : « Ah, t'es vraiment pas marrant. » Cette femme d'une grande qualité avait peut-être intégré trop vite les codes de la *fiesta popular*, ceux de l'alcoolisme mondain, de la perte des sens et de la bonne biture. Eh oui, ne pas lever le coude avec la fratrie vous catégorisait rabat-joie. On ne se désolidarisait pas d'un groupe éméché et s'il fallait tituber, il fallait que l'on titubât ensemble. Il en allait pour l'alcool comme pour les paires de couilles disposées en offrandes sur les bureaux des collaboratrices, une invitation à rire ensemble, à se fendre la poire, à se la jouer *salarymen* en goguette, tous unis dans la débauche libératrice, sans hiérarchie, sans préséance, sans tabou, enfin déboutonnés. Un cauchemar dont le ELLE m'avait protégé. Si je n'avais jamais fait corps avec les femmes du magazine, étant, de par ma constitution, marginal, je n'entendais pas plus faire alliance avec mes semblables à chromosomes Y. Mais sans doute cette préoccupation était-elle déjà démodée, condamnée par l'explosion des genres et cette aporie consubstantielle de notre époque qui veut que l'on nie la différence des sexes pour ne penser qu'à elle.

Il est vrai que notre magazine ne cessait de publier des articles annonçant la disparition des hommes. Il en allait avec ce sexe comme avec le roman, la peinture et même avec l'histoire depuis le livre choc de Francis Fukuyama : il était condamné. Néanmoins, ces disciplines moribondes faisaient de la résistance. Elles agonisaient même avec une lenteur stupéfiante. Leurs râles emplissaient l'atmosphère, encombraient les librairies, les musées, et les conflits planétaires n'allaient pas tarder à doucher nos espoirs de paix inaltérée. Mais rien n'y faisait, nous continuions à creuser le sujet, à consolider les parois d'un mausolée que le journal édifiait à la mémoire des mâles. Pour nous, leur disparition, à l'instar de celle des dinosaures hier, des insectes aujourd'hui, était signée et nous le rabâchions, le martelions. Dès 1964, un article du ELLE ouvrait le bal avec cette angoissante question : « L'homme est-il encore un vrai chef de famille ». Sans point d'interrogation. En 1970 nous proclamions : « L'homme-roi c'est fini. » En 1978 : « Ils pleurent aussi. » « L'homme est un animal en voie de disparition », assenait Élisabeth Badinter en 1992, entraînant dans sa chute le patriarcat, les papas poules, les Rambo par-ci, les métrosexuels par-là. Une déferlante de questions ontologiques et de traités de sociologie de comptoir nourrissait nos pages : « Et si la grossesse était masculine ? », « Le congé parental et les pères », « Les pères sont des mamans comme les autres »… Ces articles livrés en batterie agissaient comme les vagues d'une marée régulière qui peu à peu rognerait la plage, attaquerait la falaise et finirait par provoquer l'éboulement catastrophique dans lequel la moitié de l'humanité serait ensevelie. En vérité, mais nous ne l'avons su qu'après et peut-être même trop tard, ce n'était pas tant le statut des mâles qui se trouvait mis sur la sellette, bien qu'en apparence tout nous le laissât penser, mais bien la différence des sexes et la dualité nécessaire au vivant, telle que nous les avions conçues durant des siècles. Les coups de boutoir successifs n'atteignaient pas seulement les hommes ; les femmes aussi se voyaient soumises à un bombardement régulier d'articles nous poussant tous dans le sens d'une dissolution des positions classiques. La grande révolution, faudrait-il écrire, la grande confusion LGBTQ+ était annoncée. Lesbianisme, bisexualité, trans pointaient à l'horizon et cela, pour un magazine féminin, représentait plus une menace qu'une opportunité car que l'on puisse s'enthousiasmer pour cette évolution des mœurs, trouver libératoire de ne plus être soumis à son injonction biologique était une chose, mais le pragmatisme devait nous rappeler que notre public était en écrasante majorité féminin et qu'il ne fallait pas jouer avec lui ; c'était jouer avec le feu, avec feu la femme, oserait-on dire, car si celle-ci ne se reconnaît plus dans un sexe, comment se reconnaîtrait-elle dans un magazine qui lui est dédié ? Dans les années 2010, une nouvelle rédactrice en chef prit les commandes du ELLE. Elle ne tint pas longtemps puisque sous sa gouvernance les ventes continuèrent de chuter. Je ne crois pas que l'on puisse lui en faire grief, la tendance était générale et toute la presse en était affectée, mais il est vrai aussi qu'elle était mariée à une femme et pour un magazine où l'homme, toujours, avait constitué un hors-champ capital, cette donnée privée devenait un enjeu public. Ne devenions-nous pas soudain un journal de niche ? Ouvert, certes, progressiste diraient certains, mais surtout militant et peut-être suicidaire ? Si les jeunes se détournaient des magazines, c'est bien que ceux-ci ne leur correspondaient plus. En tentant de les rattraper, le ELLE brûlait son ADN. Y avait-il une autre voie ? Je n'en ai pas la certitude.

En vérité, un sociologue averti des questions d'espaces aurait pu discerner dans nos pratiques quotidiennes les premières lézardes qui finiraient par mettre à bas les fondations de notre magazine. Dans notre immeuble de Levallois-Perret, les toilettes étaient encore *old school*. Entendez par là qu'on n'y comptait point de zone neutre où des non-binaires et autres incertains balbutiants auraient trouvé refuge et confort. Non, nous avions des chiottes pour femmes et d'autres pour hommes. Or la parité étant chez nous un vain mot, j'avais eu, des décennies durant, des chiottes pour moi tout seul ou presque. C'était là, je le reconnais, un privilège et une aberration. Que j'eusse droit, avec la poignée de mes semblables répartis dans les services, au même nombre de W.-C. que toutes les femmes réunies à l'étage était d'un illogisme cruel et la preuve, surtout, d'un criant défaut de réalisme. Par conséquent, ce qui devait arriver arriva. Certaines de mes collègues, distraites ou rebelles, passèrent la porte des toilettes masculines et s'y trouvèrent fort aises. J'étais toujours surpris d'en croiser une, calée devant le lavabo, tout occupée à se laver les mains mais quelquefois aussi à se remaquiller, constatant que le peu d'espace qui me restait se voyait grignoté par les masses. Le réduit ultime passait ainsi à l'opposition, pour ne pas dire à l'ennemi, s'il me fallait employer les termes chers aux nostalgiques de la controverse des sexes, tous amers devant cette progression de l'inexorable. Je me souviens qu'un dessinateur, pour résumer le choc occasionné par l'installation de la première femme par ses confrères de l'Académie, avait dessiné deux portes, l'une indiquant « Homme » et l'autre « Marguerite Yourcenar ». En somme, je jouais son rôle en nos murs, à la différence qu'immortelle elle était quand je n'étais, dans cette foire hebdomadaire, que de passage. Et nous étions toutes et tous sur un siège éjectable.

Sur la fin de ses jours, quand elle était allongée sur son lit d'hôpital, là même où quarante-cinq ans plus tôt elle m'avait donné la vie, ma mère lisait et relisait un roman policier américain que son mari, mon père, avait emprunté pour elle à la bibliothèque municipale de la rue Faidherbe. Ma mère avait passé sa vie à lire des quantités hallucinantes d'ouvrages, et voir mes parents remonter le faubourg Saint-Antoine pour aller recharger leur batterie de livres m'était un spectacle familier. Je pestais souvent, leur reprochant de ne jamais en acheter, de ne jamais pousser la porte d'une librairie, mais ils étaient de la vieille école. Quand j'étais enfant, nous allions en famille choisir nos lectures à la bibliothèque municipale de la mairie du 11ᵉ, et si j'ai gardé en mémoire l'odeur de moisissure légèrement soufrée des livres reliés dans des teintes brunes et carmin, il me reste aussi l'image surréaliste de ce banc qui, entre le troisième et le quatrième étage, était attaché à la grille d'un soupirail par un antivol de vélo, pour éviter sans doute qu'on ne le volât. Qu'il ait fallu, à l'époque, se taper quatre étages à pied pour avoir le privilège de se cultiver en dit autant sur le rapport au physique qu'à la lecture. En ces années-là, pourtant, les mutilés des deux guerres étaient encore légion. Certains occupaient les postes de gardien de square et je ne sais pourquoi, mais j'en admirais l'uniforme jusqu'à espérer, moi aussi, être un jour à leur place, coiffé de leur casquette et affublé d'une jambe de bois. Or donc, ma mère lisait et relisait la même page, scotchée là, comme la guêpe dans le pot de miel. Et je m'en veux d'avoir laissé filer ce livre que j'aurais aimé garder comme une relique. Elle lisait aussi le ELLE, auquel elle était abonnée, et j'eus la surprise de voir que, comme elle l'avait toujours fait au cours de son existence, ici même, dans cette chambre de l'hôpital Rothschild, elle avait consciencieusement déchiré et regroupé les fiches cuisine, et comme je lui demandais pourquoi, question idiote et même angoissante, elle me répondit : « Mais parce que je le fais tout le temps. » J'ose penser qu'elle les conservait dans l'espoir de les tester une fois rentrée chez elle, ce qui n'advint jamais.

 Nous avions dans la famille un rapport très particulier aux fiches cuisine ELLE, et que je me sois retrouvé salarié de ce magazine m'a toujours paru la conséquence chamanique d'une sorte de fatalité bienveillante. Mon père travaillait dans la publicité, mais il serait plus juste de dire « dans la réclame ». C'était avant l'explosion médiatique des Séguéla, avant que le métier ne devienne le capharnaüm de fric et d'excès que nous avons connu. Il excellait dans la PLV, la publicité sur le lieu de vente. Avec une escouade de dessinateurs industriels, il concevait des présentoirs et il fit mouche à plusieurs reprises, la société qui l'employait empochant oscar sur oscar pour les pastilles Valda, les piles Wonder, les pneus Michelin, les rouges à lèvres Mary Quant... La boîte portait un nom qui claquait comme un coup de fouet, où comme un revers sec et tendu de tennis : SPAP, pour Société de présentation artistique publicitaire. Et c'est cette entreprise qui décrocha le marché des boîtes à fiches cuisine ELLE. Les premières étaient rouges, ensuite elles prirent diverses teintes, bleue, jaune, violette..., adaptées aux poissons, aux desserts, aux grands chefs... Elles se composaient d'une tôle que l'on repliait pour former un cube sur lequel venait se caler un couvercle du même métal. Pour fixer les deux parties, il fallait glisser une petite tige dans les œillets les liant l'une à l'autre. En sus, il fallait visser sur l'avant du couvercle une petite boule dorée qui servait à le soulever. C'est ce travail que j'accomplis en avril 1969, dans un atelier déjeté situé en face de ce qui est aujourd'hui le très luxueux musée Picasso. En somme, j'avais été à l'école du ELLE dès mon adolescence, trimant pour me faire de l'argent de poche. Nous avions dans la famille une tradition de ces boulots effectués à la chaîne. Nous avions rangé par quatre des piles électriques dans des boîtes en carton, par poignées des cosmétiques dans des sacs en plastique... Mais rien ne m'avait autant marqué que ces boîtes ELLE, préfiguration lilliputienne de la grande boîte dans laquelle je ferais, plus tard, mon trou.

Comme je rentrais du Vietnam où j'avais voyagé dans des avions au pedigree douteux, tel ce Yakovlev 40 russe où tout était rédigé en allemand, de l'Est assurément, ce qui donnait une idée de la vétusté de cette carlingue vendue et revendue, je confiai à ma mère que je repartais dès le lendemain à Albertville pour assister à la cérémonie d'inauguration des jeux Olympiques d'hiver. Mon ami Christophe Salengro, dont la célébrité allait s'accuser sous les traits du président de Groland, devait en annoncer l'ouverture dans un spectacle chorégraphié par Philippe Decouflé, ce qui nous avait soufflés lui et moi. Sa soudaine notoriété planétaire m'avait semblé tenir du jackpot géant, un peu comme si l'on m'avait annoncé, un matin, que mon nom de famille venait d'être retrouvé dans la Bible. Bref, j'évoquais cette virée alpine quand ma mère eut cette remarque devenue légendaire : « Va pas glisser ! » Il me semblait que mes périples au Niger et à Bornéo auraient dû l'inquiéter davantage, mais non, le faux pas, le dérapage, voilà ce qui la tenaillait.

De toutes les femmes que je côtoyais jour après jour au magazine, aucune ne ressemblait à ma mère, et c'était une bénédiction. Non pas que j'eusse envers elle quelque motif aigu d'aigreur, mais sa fébrilité face au monde, sa manière d'envisager chaque mouvement comme une reptation vers le précipice, ce qui dénotait chez elle un regrettable état de conscience exacerbée, auraient dû me pousser dans les bras confortables d'un fauteuil d'administration. Cependant le feu couvait sous la braise de ses précautions excessives, et dans ses peurs se dissimulaient les crépitements d'une âme interdite de repos. Oui, cette lectrice prototypique du ELLE, qui avait dévoré autrefois *Le Petit Écho de la mode* et *France Soir* avant de glisser, dans une élévation prodigieuse, vers *Le Monde* et *Le Nouvel Observateur*, je l'avais en somme accompagnée en glissant de *Télérama*, où j'avais officié, à la grande presse féminine. Plus ses enfants progressaient dans leurs études, plus la politique et les mœurs bouleversées modifiaient notre environnement familial. Nous étions lancés dans une incoercible ascension intellectuelle, ce que l'on pourrait résumer ainsi : dans les années 1970, nous fûmes *upgraded*. Je me souviens toutefois que, pour avoir dans la décennie suivante côtoyé Emmanuel Carrère à *Télérama*, j'avais suivi avec un double intérêt l'un de ses passages sur le plateau d'« Apostrophes ». L'extraordinaire de cette émission n'était pas qu'il y fût invité, mais qu'il l'y ait été conjointement avec sa mère, Hélène Carrère d'Encausse. Cette soirée devait être consacrée précisément à ces dynasties d'écrivains où, de père ou de mère en fils et filles, on se repassait le flambeau de la créativité littéraire. Devaient être assis dans ce même studio Florence Delay et son père, le psychiatre et écrivain Jean Delay, et d'autres dont les noms m'échappent aujourd'hui. Jean Delay était membre alors de l'Académie française et sa fille ne savait pas encore qu'elle le serait à son tour, dès l'année 2000. Ce qui m'avait fasciné, c'était l'abîme entre ces familles et la mienne. Comment aurais-je pu m'imaginer assis face à Bernard Pivot, à côté de ma mère, et ce, sous les yeux de millions de téléspectateurs ? Je mesurais l'écart social qu'une génération et sans doute plutôt deux réussiraient peut-être à combler, entre nos destinées respectives. En vérité j'avais été moi aussi invité de l'émission « Apostrophes » en 1985, mais ce soir-là ma mère m'avait soutenu de ses beaux yeux verts depuis sa salle à manger. Dans le magazine où nombre de femmes étaient mères, où les accouchements se succédaient comme autant de succès et de motifs de réjouissances, où les articles aussi mettaient en scène les relations souvent difficiles entre mère et fille, chacune et chacun portait en lui sa mère comme un trésor et un boulet. Les publicitaires qui par la suite firent poser côte à côte mères et filles, en réalité souvent des mannequins appareillés pour les besoins de l'image, n'en étaient pas encore à la fusion des générations. Les unes ne s'habillaient pas comme les autres, les époques étaient marquées et les styles aussi. Tout cela fut balayé ensuite par le *sportswear*, qui s'invita au spectacle. Délaissant chapeau et casquette, ouvriers et bourgeois se partagèrent alors la salopette devenue tendance, puis vinrent les sneakers muées en chaussures de bureau, et tout ce qu'on avait connu se cassa la figure. Seule demeura, peut-être, l'Académie française et, pour quelque temps encore, le ELLE qu'elle avait tant aimé, dans les pages duquel la présence de son fils la comblait sans doute d'une assez grande fierté.

Le 27 avril 2013, le magazine ELLE auquel je collaborais depuis près de trente années me demanda d'écrire une biographie-portrait de la designer architecte Charlotte Perriand. La marque Louis Vuitton allait exposer l'un de ses prototypes de cabane à l'occasion de la foire de Bâle-Miami, événement artistique et financier dont le succès se confirmait au fil des ans. J'acceptai l'exercice. De Charlotte Perriand, j'avais en tête suffisamment d'éléments pour ne pas avoir à fouiller dans mes archives. Le jour même, je m'installai devant mon ordinateur et deux heures plus tard l'article était ficelé. Il me semblait enlevé, nourri, fourmillant d'anecdotes. J'étais satisfait et je l'expédiai d'un clic à la rédaction. Notre magazine arrivait dans les kiosques à journaux chaque vendredi matin mais des légions d'abonnés le recevaient la veille. Or le mardi précédant la sortie du numéro, je fus traversé d'une fulgurance qui m'électrisa de la nuque aux talons. Il m'apparut que de Charlotte Perriand j'avais dit l'essentiel mais qu'à ce socle informatif j'avais fait quelques rajouts malheureux. Sûr de mes connaissances et mélangeant mes souvenirs, j'avais adjoint à cette vie résumée divers pans de celle d'Andrée Putman. Entre ces deux grandes dames, ma mémoire avait disjoncté, attribuant à la première quelques aspects tranchants de la seconde. À l'architecte amie de Le Corbusier expatriée durant la guerre au Japon, j'avais ajouté les années d'études accomplies par la fantasque créatrice au conservatoire de musique, ses premiers prix de piano et de composition, sa relation avec Francis Poulenc, cruel mentor qui lui avait asséné, comme elle sortait auréolée de ce long apprentissage : « Maintenant, vous allez vous enfermer dans une chambre, vous allez y travailler quinze ans et quand vous en ouvrirez la porte, nous pourrons décider si vous valez quelque chose. » Cette sentence l'avait anéantie et dégoûtée des notes et des partitions. Anéanti, je l'étais également, tétanisé, honteux, ahuri même devant le pataquès dont j'étais l'auteur. Il me restait quarante-huit à soixante-douze heures à patienter, à guetter le flot de protestations, de condamnations, d'indignations qui ne tarderait pas à me submerger. La publication de ce texte désaxé me vaudrait l'opprobre. J'envisageai déjà l'erratum tout en sachant qu'une fois lâché sur les réseaux du Net le texte publié serait repris, plagié, donnant à mon erreur initiale les caractéristiques d'une faute. Dans un premier mouvement, mû par un réflexe de survie, j'avais évidemment envisagé d'appeler le journal pour tenter de stopper à temps les rotatives mais j'y avais renoncé, sachant dépassés les délais nécessaires à toute retouche. Je me résolus donc à attendre l'horrible et violent retour de manivelle. Je l'attends toujours.

Le silence qui suivit cette bourde pesa dans ma décision de quitter le ELLE. J'y vis l'effondrement de la presse tout entière. Avais-je été lu ? Et par qui ? Et comment ? Certes, un mégalomane se serait imaginé suffisamment leader d'opinion pour estimer que ses propos avaient force d'Évangile. On ne remettait pas en question du Trétiack ! J'avais du mal à le croire. Je penchais plutôt pour une désaffection générale du lectorat pour ce que Jean Demachy, autrefois directeur du magazine, appelait le « grisé », autrement dit le texte dont la fonction principale était, selon lui, de souligner par son aspect pop art noir et blanc la puissance de la photographie tout en couleurs. Bref, à la peur d'être vu pour ce que j'étais, un fumiste, se substitua le sentiment désagréable d'être sorti des radars. En vérité, l'absurde se rajouta à l'ignorance. Dans les jours qui suivirent, et tandis que j'attendais l'appel téléphonique qui me crucifierait, alors que, prostré, je comptais les jours, ne voyant ma délivrance que dans la publication du numéro suivant qui chasserait ce brûlot du marché, je reçus les félicitations de la Maison Vuitton, enchantée par le texte. Plus fou encore, on m'assura que Pernette, la propre fille de Charlotte Perriand, l'avait, elle aussi, beaucoup apprécié, très touchée par l'hommage rendu à sa mère. Je fus pris de vertige. L'avait-elle seulement lu, ce texte que j'aurais dû relire ?

Aujourd'hui, je comprends qu'en quittant la conférence de rédaction en pleine discussion sur l'allongement du clitoris je n'étais pas sorti seulement d'un bureau, j'étais sorti d'une époque, et avec moi sortaient de ces quelques mètres cubes des décennies durant lesquelles le magazine ELLE avait été un leader d'opinion, le nec plus ultra de la féminité consciente, le comité central militant et sexy d'une élégance échevelée. Oui, cet univers où nous avions marié avec une dextérité d'orfèvre le grave et le léger, les strings et les viols de guerre, ce monde d'avant, où les hommes toujours s'étaient tenus dans une pénombre qui les rendait désirables, avait vécu. Ce n'était pas seulement mon humble personne qui s'était trouvée niée dans cette discussion entre femmes, l'éternelle meilleure copine et voyeur accepté, c'était surtout la différence originelle et cette césure ontologique ; cette fêlure fondatrice soudain ripait, dégringolait, se ringardisait. Qu'en serait-il bientôt de ce navire qui si longtemps avait vogué en tête de croisière ? Nous le saurions un jour, nous ou nos descendants, ectoplasmes appelés à nous succéder, entités jaillies sous la férule des apprentis sorciers transhumanistes. Que la figure de la sorcière se trouvât soudain valorisée dans les discours féministes n'en était qu'un signe de plus. Ce qui sentait le soufre de la rébellion ne tarderait pas à s'affirmer peut-être en acmé de la soumission aux manipulateurs d'éprouvettes. La vieille plaisanterie des laborantins, avouant devant l'immensité de leur tâche et fatigués déjà à l'idée de l'entreprendre, qu'ils étaient bien « éprouvettes », prenait tout son sens. Le vieux monde usé partait en lambeaux. Les femmes, les hommes, tout cela désormais semblait appartenir au passé. C'était dommage mais c'était ainsi.

Dans ce qui pour moi s'apparente à un moment de bascule, j'ai senti le navire donner de la gîte. Les ponts se faisaient glissants, la mer devenait mauvaise. Il me semblait que les nouvelles recrues n'étaient pas toujours à la hauteur de la situation. Certaines ne firent qu'un passage éclair, suffisamment étiré tout de même pour endommager la salle des machines. S'il est jouissif de taper dans la carrosserie d'un char par trop ostentatoire, tirer sur les ambulances dépite, aussi n'en ferai-je rien. Je me contenterai de ceci. Lors du dernier séminaire auquel je participai, en candidat libre, déjà dehors bien qu'encore dedans, mon préavis s'étiolant au fil des heures, je fus estomaqué par le grotesque de ce que j'entendis. Certes, les séminaires n'avaient jamais eu l'ambition de rivaliser avec les symposiums du Collège de France, mais là, la dégringolade était farouche. Une étude avait été diligentée pour préciser les valeurs du ELLE. Elles trônaient désormais au nombre de cinq, quintet à queue dont le dérapage me semblait patent comme au patinage. Sagacité, bienveillance, humanisme, pétillance et sororité, voilà ce qui définissait désormais notre ADN. Si la pétillance me semblait un atout, je n'étais pas certain qu'elle se hissât à la hauteur de l'humanisme, et quand j'entendis que ce qui caractérisait justement cet humanisme, c'étaient « mes bons plans, mes petits plaisirs », je me dis que l'humain avait singulièrement rétréci et que l'« -isme », désormais sectionné du réel, s'évanouissait dans la poussière et les invendus. Je voyais ma tribu s'échiner à piocher dans ce qui, hier, avait fait sa splendeur, et voilà que ressortait des cartons la pierre angulaire de nos explorations, « l'amant, ciment du couple », audace de mœurs hier osée mais depuis frelatée, sans que soit interrogée, ne serait-ce qu'un instant, cette notion de couple que l'époque était en train de tabasser. Il était temps, vraiment, de prendre la tangente, certes le cœur serré de ne plus en être, de ce rafiot qui même rouillé crachotait encore sur la vague. Allons, me dis-je en quittant l'assemblée de mes ex-collègues condamné.e.s à demeurer enfermé.e.s jusqu'au soir, il faut passer la main, céder la place aux jeunes à la tonicité incoercible. Qu'ils se débrouillent avec les femmes, les hommes, les genres, les trans, les sans avis, les composites et les démiurges, qu'ils phosphorent pour dégoter la martingale qui assurerait à ce magazine que j'avais tant aimé un surplus d'existence. Je ne lui souhaitais que du bien et je me levais, gagnais le couloir, enfilais ma veste, nouais une écharpe, et je sortis et dehors il faisait beau. Il me sembla même qu'en sus des feuilles aux arbres, les jupes avaient raccourci.

REMERCIEMENTS

Pour les trente années passées dans ce si beau magazine auquel je souhaite une longue longue vie, je veux remercier Colombe Pringle qui, la première et sur les conseils de l'architecte Antoine Grumbach, me proposa un poste de reporter; Laurence de Cambronne, qui eut pour moi des mots bouleversants lors d'une passe difficile; Guillaume Herbaut, mon double photographique avec qui j'ai enchaîné plus de cinquante voyages et dont les photos ont beaucoup fait pour que j'obtienne les deux prix que la profession m'a octroyés; tous mes autres compagnons d'errance, les photographes Emmanuel Valentin, Jean-Claude Amiel, Robert Van der Hilst, Viola Berlanda, Isabelle Eshraghi, Patrick Swirc, Ludovic Carème, Samuel Bollendorff, Michaël Zumstein…; notre directrice Anne-Marie Périer évidemment, mais encore Sylvie de Chirée, qui dirigea le ELLE décoration assistée de Brigitte Huard et de Gérard Pussey; Valérie Toranian, qui a tant fait pour que la qualité demeure; Véronique Philipponnat, témoin-clef de ces belles années enfuies, présente de bout en bout et toujours aux commandes; Michèle Fitoussi, 50 % des « rois de l'enquête »; Olivia de Lamberterie, héroïque dans sa défense du Livre;

toute la famille de mes camarades : Dorothée, Marion, Sylvia, Caroline, Nathalie, Marie-Pierre, Valérie, Sandra, Florence, Brigitte, Dany, Alix, Philomène, Isabelle, Yves, Santiago, Édouard, Patrick… Mon fixeur iranien Kaveh ; ma chère Soline, qui m'émeut toujours autant ; Isabelle Canavési, qui organisait mes déplacements à l'étranger ; et toute la faune encore des attachées de presse qui nourrissaient nos armoires, et plus encore, nous embarquaient dans un tourbillon : Ina Delcourt, Sophie Seibel, Gérald Cohen, Nathalie Morin, Matilde Incerti et Jérôme Jouneaux, l'attaché de presse cinéma qui nous permettait de visionner des longs métrages magnifiques et souvent éprouvants. Sans oublier encore nos chers disparus Jean Demachy, Jean-Dominique Bauby, Françoise Ducout, Pierrette Rosset, Louise Finlay.

Enfin, je remercie Olivier Cohen, qui a eu l'amabilité de relire ce texte et de me suggérer diverses retouches, et j'adresse un clin d'œil enneigé à Sophie Grenier, qui, quoi, où, quand, m'a redonné l'envie d'écrire ce livre.

Du même auteur

Bienvenue à l'Armée rouge, avec Pierre Antilogus, Jean-Claude Lattès, 1984
La Vie blindée. Seuls contre la mafia, Le Seuil, « L'Épreuve des faits », 1992
Traité de l'agitation ordinaire, Grasset, 1998
Faut-il pendre les architectes ?, Le Seuil, 2001 ; Points, « Essais », 2011
Limite Vulgaire, avec Hélène Sirven, Stock, 2007
Paris vu du Ciel, sur des photographies de Yann Arthus-Bertrand, Le Chêne, 2009
De notre envoyé spécial, L'Olivier, 2015
L'Architecture à toute vitesse, Le Seuil, 2016
Arnys et Moi, Plein Jour, 2019

Achevé d'imprimer en mars 2024
par Normandie Roto Impression s.a.s. à Lonrai
N° d'impression : 2400305

Imprimé en France